besser
beraten

Geflüchtet in Beratung

Hilfen für Kinder, Jugendliche und Eltern

bke besser beraten

Gefördert vom Bundesministerium
für Familie, Senioren, Frauen und Jugend

Herrnstraße 53
90763 Fürth
Tel (09 11) 9 77 14-0
Fax (09 11) 74 54 97
www.bke.de
bke@bke.de
Redaktion: Herbert Schilling
Grafische Gestaltung, Satz: Armin Stingl
Druck: PRINT COM, Erlangen
ISBN 978-3-9818623-0-0

Inhaltsverzeichnis

Kurze Einleitung

Auf außerordentlich starke Nachfrage stieß im Frühjahr 2016 die bke-Fachtagung *Trauma Flucht – Erziehungsberatung im Netzwerk der Hilfen*. Das Thema Flucht hatte im Jahr davor die Menschen bewegt wie kaum ein anderes zuvor. Für die Erziehungsberatung war der Umgang mit geflüchteten Kindern, Jugendlichen und Eltern kein völlig neues Thema – in der nun von den aktuellen Ereignissen geforderten Breite und Tiefe aber schon. Die Fachtagung war so konzipiert, dass jene Einrichtungen, die bereits über Erfahrung mit Angeboten für geflüchtete Menschen verfügten, ihre Kenntnisse und Ansätze weitergeben konnten an diejenigen Kolleginnen und Kollegen, die mit dieser Arbeit noch am oder vor dem Anfang standen. Ein ganz ähnliches Konzept verfolgt der nun vorliegende Materialienband, dessen meiste Beiträge von Referentinnen und Referenten der bke-Fachtagung verfasst wurden.

Den Anfang macht Felicitas Urbanek, die als Mitarbeiterin des SOS-Familienzentrums in München seit vielen Jahren auf die Beratungsarbeit mit geflüchteten Menschen spezialisiert ist. Ihr Beitrag *Erziehungsberatung mit Flüchtlingsfamilien* fokussiert auf die Beratung von Familien, die in Sammelunterkünften unter oft schwierigsten Bedingungen leben. Die Beratung in diesem Kontext gerät selbst häufig mühsam und gleicht nicht selten den Anstrengungen eines Sisyphus. Dennoch werden von der Autorin klar die Bedingungen und Möglichkeiten erfolgreicher Arbeit für Flüchtlingsfamilien mit meist ungesichertem Aufenthaltsstatus beschrieben.

Der Beitrag *Flucht und Trauma* von Anisa Saed-Yonan rückt die psychischen Belastungen der geflüchteten Menschen in den Mittelpunkt der Betrachtung. Beispiele aus der Beratungspraxis beleuchten exemplarisch die Situation von Kindern, Jugendlichen und Eltern und zeigen, wie Erziehungsberatung in diesem Feld unterstützend tätig werden kann. Der Text *Beratung von traumatisierten Flüchtlingsfamilien*, verfasst ebenfalls von Anisa Saed-Yonan, in diesem Fall in Co-Autorenschaft mit Karin Jacob, vertieft die praktischen Aspekte der Arbeit mit den Familien. Grundzüge der Psychotraumatologie, deren Kenntnis für die Arbeit im Kontext Flucht und Asyl unabdingbar ist, werden in dem Beitrag referiert. Ebenso bereits angesprochen werden erforderliche Maßnahmen der Psychohygiene für Beraterinnen und Berater. Ausführlicher geht dann im anschließenden Aufsatz Silvia Keil de Ballón auf die *Psychohygiene in der Beratungsarbeit mit geflüchteten Menschen* ein. »Was kann helfen, sich gut auf diese Arbeit einlassen zu können?«, ist die Leitfrage der Autorin, auf die sie eine Reihe sehr hilfreicher Antworten gibt.

Im zentralen Kapitel des Bandes kommen erprobte Ansätze der Arbeit mit Kindern und Jugendlichen, die nach Deutschland mit oder ohne ihre Eltern geflüchtet sind, zur Darstellung. Markus Göpfert beschreibt aus der reichen Erfahrung eines etablierten Psychosozialen Zentrums für Flüchtlinge, wie *Gruppenarbeit mit Kindern aus Flüchtlingsfamilien* zur psychosozialen Stabilisierung beitragen kann. Katrin Sensenschmidt und Volker Neuhaus haben eine stabilisierende Gruppenarbeit konkret für jugendliche Flüchtlinge aus Afghanistan entwickelt und erprobt. Der Beitrag *Blicke zurück und nach vorne* erlaubt einen differenzierten Einblick in das Vorgehen und ermutigt Erziehungsberatungsstellen, auch solche scheinbar schwierigen Projekte anzugehen.

Eindrucksvoll beschreibt Christine Utecht im dritten Beitrag dieses Abschnitts die Methode der *Sandspieltherapie für Flüchtlingskinder mit traumatischen Erfahrungen.* Nicht weniger anschaulich stellen Regine Reisinger und Andreas Mattenschlager das *Kinderpsychodrama mit Flüchtlingskindern* vor. Diese Methode, machen die Autoren deutlich, »eröffnet viele Möglichkeiten zur Realisierung von grundlegenden Bedürfnissen und ist für die Kinder eine zutiefst lustvolle und schöne Erfahrung«.

Der dritte Teil des Bandes rückt institutionelle Rahmenbedingungen und Auswirkungen des Flüchtlingsthemas in und um Erziehungsberatungsstellen in den Mittelpunkt. *Aus einer Hand* wird im Caritas- Beratungs- und Jugendhilfezentrum St. Nikolaus in Mainz Erziehungsberatung und Therapie für Geflüchtete angeboten. Der Leiter der Zentrums, Ulrich Gerth, beschreibt Struktur und Arbeitsweise eines erfolgreichen Hauses, das Erziehungsberatung neben anderen Hilfen anbietet und dem jüngst noch ein Psychosoziales Zentrum für Flucht und Trauma angegliedert wurde. Paul Friese und Bernd Hormuth vom Internationalen Familienzentrum in Frankfurt am Main, einer Einrichtung, die seit Jahrzehnten Erfahrung im Bereich Beratung von Migranten und Geflüchteten sammelt, beschreiben Aspekte der *Teamentwicklung im Kontext Flucht und Trauma.* Abgerundet wird das Kapitel mit Eindrücken von Franz Dorner aus Regensburg, wo, initiiert von der Stadtspitze, eine Willkommenskultur etabliert wurde, die getragen wird von einem strukturierten Miteinander von professionellen mit vielen ehrenamtlichen Helfern. *Gemeinsam für Flüchtlinge in Not* beschreibt dieses bundesweit bekannt gewordene Netzwerk der Hilfen.

Im Anhang schließlich findet sich die bke-Stellungnahme *Kindern, Jugendlichen und Eltern eine Perspektive geben*, die im Titel und in ihren Inhalten die zentralen fachlichen Aspekte der Beratung von Familien im

Kontext, Flucht und Asyl aus Sicht der Erziehungsberatung zum Ausdruck bringt. Angefügt sind außerdem *Empfehlungen für Qualitätsstandards für die Zusammenarbeit mit Dolmetschenden in der psychologischen/psychosozialen Beratung,* die von der bke zusammen mit drei weiteren Verbänden[1] der Institutionellen Beratung veröffentlicht worden sind.

1 Deutsche Arbeitsgemeinschaft für Jugend- und Eheberatung e.V. (DAJEB), Evangelische Konferenz für Familien- und Lebensberatung e.V. (EKFuL) und Katholische Bundesarbeitsgemeinschaft für Ehe-, Familien- und Lebensberatung, Telefonseelsorge und Offene Tür e.V.

Flucht – Trauma – Beratung

Felicitas Urbanek

Erziehungsberatung mit Flüchtlingsfamilien

Anforderungen an Berater/innen und Team

Erziehungsberatungsstellen dienen mit ihrer Arbeit der konkreten Umsetzung des Kinder- und Jugendhilferechts. Dessen primäre Aufgabe besteht darin, der nachfolgenden Generation Schutz und Fürsorge für ihre individuelle und soziale Entwicklung angedeihen zu lassen. Aufgabe einer Erziehungsberatungsstelle ist dabei gerade, die Eltern in ihrer Erziehungsaufgabe zu beraten und zu unterstützen. Flüchtlingseltern benötigen ganz ausdrücklich Beratung und Unterstützung bei der Bewältigung ihrer Erziehungsaufgabe unter den bestehenden sozialen Bedingungen und damit gehören sie zur Klientel der Erziehungsberatung.

Rahmen

Politische und institutionelle Entscheidungen sowie die Lebenswelt der Flüchtlingsfamilien in Unterkünften setzen den Rahmen für die Arbeit mit Flüchtlingen:

- Die Aufgaben, die sich aus dem Kinder- und- Jugendhilfegesetz ergeben, sind in einer regionalen Aufteilung zu bewältigen und die Beratungsstellen sind darin eingebunden.
- Es gibt eine politische Entscheidung, die Unterkünfte nicht nach Ethnien getrennt zu beschicken. Entsprechend leben in den Unterkünften viele Nationen gemischt nebeneinander.
- Asylbewerber werden aufgrund politischer Vorgaben in ihrem Bewegungsraum beschränkt. Damit erreichen auch ethnienbezogene Angebote nur eine begrenzte, variierende Anzahl von Bedürftigen. Und das gleiche gilt auch für Spezialeinrichtungen wie Refugio, die mit mit traumatisierten Flüchtlingen arbeiten.
- Die Lebenswelt in den staatlichen Unterkünften, in der die Kinder aufwachsen, wird von allen Flüchtlingsfamilien unabhängig von ihrer kulturellen und sozialen Herkunft geteilt. Örtlich, rechtlich und sozial isoliert von der deutschen Gesellschaft wachsen die Kinder über Jahre in einer Gettosituation auf. Aufgrund dieser Situation entsteht eine eigene deutsche Sprache und es entwickeln sich eigene Umgangsformen.

- Für alle in Deutschland lebenden Kinder, unabhängig von ihrer kulturellen Herkunft und den damit jeweils kulturell vorgegebenen Entwicklungsaufgaben gibt es in Deutschland institutionell vorgegebene Entwicklungsaufgaben. Die Flüchtlingsfamilien müssen sich an den hier vorgegebenen Erwartungen orientieren. Die deutschen Institutionen setzen Takt und Norm der Entwicklung fest. Sie geben vor, welches kognitive, soziale und emotionale Niveau ein Kind haben muss, um in ihnen voranzukommen.

Erziehungsberatung in diesem vorgegebenen Rahmen kann kein ethnienzentriertes Angebot für einzelne ausgesuchte Sprachgruppen sein, sondern muss sich kulturübergreifend am Entwicklungsalter der Kinder, den damit einhergehenden familiären Aufgaben und an der Lebenswelt dieser Familien orientieren.

Erziehungsberatungsstellen müssen wie Kinderarztpraxen oder Allgemeinmediziner offen für alle familiengebundenen psychodynamischen und sozialen Anfragen sein. Erst im zweiten Schritt kann eine Spezialisierung sinnvoll sein. Wenn eine Gemeinschaftsunterkunft für Flüchtlinge im Einzugsgebiet einer Erziehungsberatungsstelle liegt, müssen die Mitarbeiter/innen bereit sein, auf die Familien zuzugehen und sie in der Gemeinschaftsunterkunft zu besuchen. Das bedeutet ein Treffen auf: Armut, Traumatisierungen, Sprachenvielfalt, Kulturendurcheinander, chaotische Strukturen, Missverständnisse, Streit und Eifersucht, unzählige Momente der Kindeswohlgefährdung, die nicht von den Eltern ausgehen, sondern allein durch die äußere Umwelt der Gemeinschaftsunterkunft gegeben sind, ein nicht vorhersehbares Kommen und Gehen von fachlichen und ehrenamtlichen Helfern sowie Hausverwaltungsmitarbeitern in der Gemeinschaftsunterkunft.

Zielrichtung

Zwei wesentliche psychologische Gesichtspunkte in der sozialen Entwicklung, die Bindungsmechanismen und die mehrgenerationalen sinnstiftenden Prozesse der Identitätsfindung, sind bei den Flüchtlingsfamilien bedingt durch die anhaltende existenzielle Ausnahmesituation dramatisch angegriffen und funktionieren häufig nur noch rudimentär.

Die biologische, psychische und soziale Entwicklung des Menschen hängt ganz wesentlich von seinen primären Bindungserfahrungen ab. Diese macht es in seiner Familie. In seinen primären Bindungsbeziehungen lernt das Kind, Sicherheit und Erregung, Bindung und Ablösung sowie Intimität und Autonomie in ein Gleichgewicht zu bringen.

Der von den Bindungstheoretikern untersuchte enge Zusammenhang zwischen der Bindungsfähigkeit der Elternpersonen, ihrer Sicherheit und ihrer Feinfühligkeit, und dem Bindungsverhalten des Kindes sind mittlerweile gängiges Wissen. Je weniger einfühlsam eine Elternperson ist, je weniger Sicherheit sie dem Kind vermitteln kann, desto unsicherer wird das Bindungsverhalten des Kindes, desto weniger offen kann es seiner Umwelt begegnen, desto schwerer fällt es ihm, ein günstiges inneres Gleichgewicht zu finden.

Da die meisten Flüchtlingseltern aufgrund der vielfältigen Belastungen und Unsicherheiten häufig selber massiv destabilisiert sind, ist ihre eigene Bindungsfähigkeit so stark eingeschränkt, dass die Kinder bei den Eltern häufig keine sichere Basis finden.

Wenn Bedürfnisse der Kinder von den Eltern nicht zeitnah erfasst werden können, weil diesen von zermürbenden Fragen und Angst die Wahrnehmung der Außenwelt genommen ist, wenn Eltern der eigenen Familie keinen Zusammenhalt und Schutz bieten können, weil sie selber keinen Boden unter den Füßen bekommen, wenn Eltern ihre Kinder nicht vor Gefahren schützen können, weil sie zu erschöpft sind, arbeiten müssen, die Kinder nicht im Zimmer festbinden können etc., und die Kinder deshalb auf sich allein gestellt durch die Unterkünfte ziehen, die nicht kindgerecht sind, wenn das Wohlwollen und die Akzeptanz für die Kinder fehlt, weil die Eltern selber kein wohlwollendes tragendes soziales Netz mehr haben, wenn es Eltern nicht gelingt, ihren Kindern einen verlässlichen Rahmen zu schaffen, in dem sie Freunde kennenlernen und ihren Platz finden, weil sie aus politischen oder strukturell staatlichen Planungsgründen mehrfach gezwungen werden, ihre Unterkunft und damit ihr Umfeld zu verlassen und in eine andere zu ziehen, dann erlebt man als Berater/in die ganze Mühsal eines Sisyphus. Die Erschöpfung, die Verzweiflung, das Aufgebenwollen wird greifbar. Dafür müssen Antworten im System gefunden werden. Berater/innen können »nur« begleiten und stützen, Hilfen suchen, immer wieder neu versuchen, im Sinne der Familie zu vernetzen.

Die mehrgenerationalen sinnstiftenden Prozesse der Identitätsfindung verlaufen in zwei Richtungen: Mit der Frage »Wo kommen wir her?« weist sie zurück zur Herkunftsfamilie und -gesellschaft, bindet die Familie mittels Verpflichtungen und Loyalitäten an diese und erhält im Gegenzug ein festes sinnstiftendes Band der Zugehörigkeit zu einer Gruppe, die eine Geschichte hat. Mit der Frage »Wo gehen wir hin?« weist sie nach vorn in die Zukunft und richtet Aufträge und Erwartungen an die nachfolgende Generation.

Die Flucht in ein anderes kulturfremdes fernes Land bedeutet einen Riss in diesem Mehrgenerationenstrom. Zwar fühlen sich die Flüchtlinge ihren Familien im Heimatland verbunden, doch verlangt das Ausgesetztsein in dieser neuen selbst ständig belastenden und fordernden Welt ohne Bleibesicherheit einen Schnitt. Die Eltern werden zerrissen zwischen der Loyalität zu ihren Herkunftsfamilien und Traditionen und der Bedeutungslosigkeit der von ihnen überlieferten Werte und Lebenshaltungen, die in unserer Gesellschaft und Kultur keinen fruchtbaren Boden finden. Sie erzählen ihren Kindern nicht von der eigenen Herkunft und Vergangenheit, sie greifen in der Gestaltung des gemeinsamen Alltags nicht auf die Fülle ihrer Traditionen zurück. Sie erzählen ihren eigenen Eltern nicht von den neuen Erfahrungen, da sich diese aus verschiedensten Gründen der Herkunftsfamilie häufig nicht vermitteln lassen. Der jahrelange Ausnahmezustand der Ungewissheit raubt den Eltern ein Bild von der Zukunft, die Möglichkeit, das Leben der Familie zu planen, eine Perspektive, unter der das jetzige Erleben verstanden, in seiner Bedeutung erfahren und hier vorgelebte Haltungen als wertvoll erscheinen können. Das verhindert die konstruktive Auseinandersetzung mit den Werten der fremden Kultur und den Aufbau einer neuen, eigenen Lebenshaltung. Damit ist der sinnstiftende Zusammenhalt von Vergangenheit, Gegenwart und Zukunft aufgelöst. Viele Eltern berichten von sich zwanghaft wiederholenden, zermürbenden Gedanken, die diesen Verlust an Lebenssinn zum Inhalt haben und die Richtigkeit der Entscheidung zur Flucht in Zweifel ziehen. In dieser Leere und Haltlosigkeit stehen die Kinder in ihren Familien.

Die Sprachlosigkeit und scheinbare Sinnleere aber findet seinen Widerhall natürlich in der Kleinfamilie. Diese findet kein neues Gleichgewicht, verheddert sich in dem verschiedenen Tempo, in dem die Familienmitglieder Altes loslassen und Neues aufnehmen, führt zu innerfamiliären Konflikten auf der Geschlechter- und der Generationenebene und zu einer immer wieder beobachtbaren schleichenden Entfremdung untereinander. Alltagserfahrungen finden häufig keine Sprache und versinken in einer lähmenden Bedeutungslosigkeit.

Die Eltern müssen so unterstützt werden, dass sie einen Zugang zu ihren Ressourcen und eine Sprache für ihre Geschichten finden. Zielrichtung der Intervention sollte eine neue Stabilisierung der Eltern sein, von der aus sie zu einer sicheren Basis für ihre Kinder werden und ihnen in der vorgefundenen sozialen Haltlosigkeit den notwendigen Halt geben können.

Für Berater/innen bedeutet dies: Aushalten von Sprachlosigkeit, Lücken, Müdigkeit, Abwehr, Unstrukturiertheit, Fehlen eines roten Fadens, Spaltungstendenzen ausgesetzt sein, Abwertungen, Lähmungen, Ohnmachtsgefühle, Gefühle des Ausgehöltseins, Ausgesogenwerdens. »Das ist doch alles zwecklos, fällt durch löchrigen Boden ins Nichts.« Es besteht auch die Gefahr, zu schnell Partei zu ergreifen für die Kinder gegen die Eltern und damit an der Spaltung der Familie mitzuwirken.

Praktische Umsetzung

Die Beratungsarbeit mit Flüchtlingsfamilien verlangt in der praktischen Umsetzung einen interkulturellen Ansatz. Da das Erleben der deutschen Gesellschaft, der momentanen Ungewissheit, der eigenen Herkunft und der Zukunft der Kinder immer durch das eigene innere Auge geschieht, ist es die Aufgabe einer gelingenden Beratung, in der vertieften Arbeit mit den Kindern und ihren Familien den je spezifischen Hintergrund hervorzuholen. Nur, wenn die Familien den Eindruck haben, dass wir uns tatsächlich für ihre Sicht interessieren und versuchen, sie wenigstens ansatzweise zu verstehen, geschieht eine vorsichtige Öffnung und es kann sich so etwas wie Vertrauen entwickeln. Nur, wenn wir ahnen, was eine Familie sieht und bewegt, können wir Arbeitsbündnisse mit ihr schließen.

Interkulturelle psychosoziale Arbeit bedeutet zum einen, die Verschiedenheiten der einzelnen Familien zu berücksichtigen, zum anderen aber auch die Gemeinsamkeiten, die durch die geteilte Situation in Deutschland entstehen, hervorzuheben.

Eine so angelegte Beratung ist ein Beziehungsaufbau, der nicht in drei Sitzungen abgeschlossen werden kann. Es handelt sich nicht um Kurzzeitberatung. Die Arbeit fachlich gut zu machen, bedeutet einen hohen Einsatz von Zeit und psychischer Energie. Die Betreuungen sind auf lange Zeit angelegt bzw. müssen zumindest das Angebot von langer verlässlicher unterstützender Beziehungsarbeit offen halten.

Es bedarf der Erlaubnis vom Träger, Langzeitberatungen durchzuführen. Darüber hinaus braucht es Geduld, fachliches Geschick, den Mut, unsicheres fremdes Terrain zu besteigen, die Fähigkeit, Verwirrungen auszuhalten und fremde Werthaltungen und Zuschreibungen zu verstehen zu versuchen. Gleichzeitig sollte die Fachkraft schnell und breit gefächert agieren, wenn akuter Unterstützungsbedarf besteht. Das erfordert eine Begrenzung der Zahl von Flüchtlingsfamilien, die eine Fachkraft betreuen kann, da sonst schneller Burnout und sekundäre Traumatisierung bei der Fachkraft eintreten können.

Die Arbeit mit Flüchtlingsfamilien aus Unterkünften verlangt hohe Flexibilität in der Planung und in der konkreten Umsetzung. Zunächst handelt es sich um eine Personengruppe, die sich tendenziell nicht von sich aus in einer Erziehungsberatungsstelle anmeldet. Erstens wissen die Eltern und ihre Kinder in der Regel gar nichts von der Existenz einer Erziehungsberatung. Zweitens gilt es in den meisten Kulturen als tabu, sich in Familienangelegenheiten an Außenstehende zu wenden. Drittens erscheint eine Erziehungsberatungsstelle erst einmal im Licht einer anonymen undurchsichtigen Institution. Und Institutionen haben in der Geschichte von Flüchtlingen meist eine bedrohliche Rolle gespielt.

Zugangswege schaffen

Die Erfahrung zeigt, dass der Kontakt in der Regel nur über Vertrautheit zustande kommt. Häufig sind es die den Bewohnern bekannten Mitarbeiter der Sozialdienste in den Unterkünften oder aber auch Kinderkrankenschwestern, die sich an ihnen bekannte Mitarbeiter einer Erziehungsberatungsstelle wenden. Voraussetzung dafür ist allerdings ein regelmäßiger Kontakt.

Kontakt kann aber auch über regelmäßige offene Angebote in der Unterkunft zustande kommen, bei denen die Familien die unverbindliche Möglichkeit haben, die Berater kennen zu lernen, z.B. über die Kinder in einer Kindersprechstunde, über offene Müttertreffen und geleitete Kleinkindergruppen, über den zufälligen Kontakt auf dem Flur der Unterkunft, über Nachbarn, die den Berater schon kennen, manchmal über die Hausverwalter oder bereits bekannte ehrenamtliche Mitarbeiter in den Unterkünften.

Diese Erstkontakte finden mit wenigen Ausnahmen ohne qualifizierte Dolmetscher/innen statt. Eine der Familie vertraute Person vermittelt den Kontakt zu einer dieser Person wiederum vertrauten Person. Das ist in der Regel eine Bedingung dafür, dass es zu weiteren Terminen und einer Öffnung in der Beratung kommen kann. Berater/innen müssen also aus ihren Büros raus, auf die Menschen zugehen und unkonventionelle, ungeplante, mehr oder weniger chaotische Erstkontakte ermöglichen.

Bedingungen für Erstgespräche planen

Die Erfahrung hat gezeigt, dass es sinnvoll ist, die Erstgespräche ebenfalls vor Ort und in zeitlicher Nähe zum Erstkontakt durchzuführen. Nun aber sollten die Gespräche in der Regel unter Hinzunahme eines Dolmetschers, der möglichst aus dem Kulturkreis der Familie kommt, durchgeführt werden. Neben der Ermöglichung der sprachlichen Verständigung und der Vermittlung kultureller Weltbilder führt die Hinzunahme eines guten Dolmetschers bei den meisten Familien zu Erleichterung, mehr Sicherheit und verhilft damit zu einem Beziehungsaufbau, der in einer guten Balance steht.

Dolmetscher/innen ermöglichen eine Verständigung und sind in dieser Arbeit nicht wegzudenken. Aber sie beeinflussen natürlich auch den Gesprächsverlauf. D.h., der/die Berater/in führt das Gespräch jetzt nicht mehr allein mit den Klienten. Im besten Fall gelingt es dem/der Dolmetscher/in das Gespräch wörtlich und stimmungsgemäß zu übersetzen, im schlimmsten Fall geht der eigene Inhalt in seiner Präzision und dem was zwischen den Zeilen steht, vollkommen verloren. Und der/die Berater/in findet keinerlei Kontakt zu den Klienten. Die Klienten aber haben nicht mehr viel Interesse an weiteren Gesprächen.

Die Dolmetscher/innen genießen in vielen (Vorsicht: nicht in allen) Sprachgruppen einen großen Vertrauensvorschuss, da sie die Heimat in der Fremde repräsentieren. Das verlangt vom Berater höchstes Fingerspitzengefühl. Wann ist es sinnvoll, dieses Vertrauen zu nutzen, wann muss ich den/die Dolmetscher/in schützen, wann muss ich den/die Dolmetscher/in bremsen zugunsten der beraterisch-therapeutischen Beziehung, der Klienten und des anvisierten Inhaltes? Das bedeutet für die Berater/innen, dass sie sehr achtsam den Übersetzungsprozess begleiten und gleichzeitig lernen müssen, der Fremdheit im eigenen Raum zu vertrauen. Gelingt dies, kann man mehrfach davon profitieren: Gute Dolmetscher/innen übersetzen und erklären kontextgebundene Sachverhalte, Stimmungen, Bilder, von denen man sonst nicht erfahren hätte, und vertiefen so das Verstehen. In den Sequenzen, in denen den Klienten das von uns Gesagte übersetzt wird, gewinnen wir Zeit, unser Tun zu reflektieren, Beobachtungen zu machen, die sonst im direkten Kontakt schwerer möglich sind, und haben die Chance, eine andere Sprache in ihrem Gebrauch kennenzulernen.

Aufbau eines Arbeitsbündnisses aushandeln

Da die Familien in der Regel aufgrund diverser negativer Erfahrungen sehr skeptisch und verschlossen sind, gilt es, auch inhaltlich vorsichtig einen Zugang zu ihnen zu bauen. In der Regel folgt eine Phase des Joinings, in dem beide Beteiligten sich langsam kennen lernen und durch Versuch und Irrtum lernen, bis wohin der andere mitgeht. Viele Flüchtlingsfamilien versuchen lange, erst die Unterschiede zwischen einer Erziehungsberaterin und anderen sozialen Diensten oder auch Ämtern zu begreifen und suchen immer wieder nach der konkreten Hilfe, die ihnen angeboten wird. Als Berater ist man umgekehrt häufig versucht, all die augenscheinlichen Bedarfe, die von deutschen Institutionen gemeldet werden, und all die berechtigten Sorgen über die Kinder den Flüchtlingseltern überzustülpen.

Kommt es zu einer Beratungsbeziehung, dann findet die eigentliche Beratung je nach Möglichkeiten der Familie in den Räumen der Beratungsstelle oder weiterhin in den Räumen der Unterkunft statt und beinhaltet häufig auch die Annahme von Einladungen zum Essen oder Teetrinken in den beengten Räumen der Familien. Stellt sich eine Vertrauensbasis her, dann erstreckt sich das Beratungsspektrum vom psychotherapeutischen Setting bis zur sozialpädagogischen Familienhilfe und kann innerhalb einer Familie je nach Bedarf variieren.

Bei Hausbesuchen finden wir uns in tendenziell klassisch kontraindizierten therapeutischen/beraterischen Settings. Die Rollenverteilung ist bei Hausbesuchen, bei denen wir auch noch bewirtet werden, auf den Kopf gestellt. Der Gastgeber gibt die Regeln vor. Z.B., wenn wir ein warmes Essen ohne Besteck serviert bekommen: Wie soll man das machen, ohne sich zu verbrennen, zu bekleckern etc.? Wo setzen wir uns hin, wenn kein Stuhl im Zimmer steht? Was tun, wenn der Hausherr das Gespräch übernimmt und die anderen verstummen? Hier sind wir auf die Hilfe der Gastgeber angewiesen und geraten ein wenig in die Situation der Klienten, wenn sie bei uns sind. Das verlangt eine gewisse Demut und Bereitschaft zu minimalem Kontrollverlust; dazu, sich beschenken zu lassen und Fremdes ganz nah zu spüren.

Ein klinisch distanziertes Verhältnis schreckt die suchenden Familien ab oder erreicht sie erst gar nicht. Zusammenfassend lässt sich also festhalten: Der Kontakt kommt in der Regel nur über einen vertrauten Dritten zustande. Er vertieft sich nur, wenn wir bereit sind, die Welt der Flüchtlinge immer wieder zu betreten. Methodisch erforderlich ist, auf die Eltern zuzugehen und sie auf allen Ebenen abzuholen: örtlich durch Besuche, sprachlich durch Dolmetscher, inhaltlich, indem stets zunächst ihr Verständnis und ihre Ideale von Erziehung erfragt werden, um dann unter diesem Horizont vermittelnd auszuhandeln, was von ihnen und ihren Kindern in deutschen Institutionen erwartet wird. Gelingt dies, so wird dem Berater häufig eine Autorität zugeschrieben, der sich Flüchtlingseltern anvertrauen.

Charakteristikum des Beratungskontextes

Ein wesentliches Merkmal des Beratungskontextes ist seine Unvorhersehbarkeit: Die Familien, zu denen ein Kontakt gelungen ist, ziehen weg, neue Familien ziehen zu, die Kulturgruppen wechseln, Fachkräfte werden versetzt. Die Dolmetscher wechseln je nach der geforderten Sprache. Die für unsere Angebote verfügbaren Räume in der Unterkunft wechseln. Abhängig von der Länge des Aufenthaltes, vom Fluchtgrund und der Bedrohung durch eine Abschiebung ändert sich der therapeutische Fokus. Flüchtlingszahlen sinken und steigen über die Jahre hinweg. Die Politik agiert oder ignoriert und das gesellschaftliche Klima schwingt entsprechend mit.

Die Arbeit mit Flüchtlingsfamilien bleibt ständiger Ungewissheit ausgesetzt und muss entsprechend immer wieder neu konzipiert werden. Das kann sehr ermüdend und auslaugend sein. Eventuell sollte über eine neue Aufgabenverteilung im Team, über neue Kräfte, Pausen etc. nachgedacht werden.

Gefahren und Möglichkeiten der Erziehungsberatung mit Flüchtlingsfamilien

Gefahren für Berater/innen und Klienten
Wer sich als Beratender wirklich auf den Weg macht, die Welt der Flüchtlinge mit jahrelangem ungesicherten Aufenthaltsstatus zu betreten, kommt der Ohnmacht, in der die Menschen stecken, nicht aus. Vielleicht kann das Bild eines nicht enden wollenden Kreislaufs diese Ohnmacht beschreiben. Dieser Kreislauf sieht so aus:

keine sichere Bleibe, keine Arbeit, kein Geld, keine Ruhe, keine Gesundheit, keine Arbeit, kein Geld, keine sichere Bleibe, keine Arbeit, keine Ruhe, keine Gesundheit, keine Arbeit, keine sichere Bleibe...

Oder er sieht so aus:

Kämpfen ums Überleben, Erfahrung des Scheiterns, Gefühle der Sinnlosigkeit, Resignation, Erschöpfung, Flucht (vor der inneren Welt der Ängste und möglichen äußeren Gefahren), Kämpfen, Scheitern, Sinnlosigkeit, Resignation, Erschöpfung, Flucht, Kämpfen...

Wer sich als Beratender wirklich auf diese Ohnmacht einlässt, gerät selbst in einen Kreislauf der Ohnmacht, da er sich im Kreise der Unmöglichkeiten dreht. Und das kann so aussehen:

Zugehen, Dabeibleiben, Mitgehen, Erkennen der psychischen und gesellschaftlichen Not und Zerrissenheit, Versuch des Zusammenhaltens und Herausarbeitens einer Bedarfsprioritätenliste, Einbau von psychischen und gesellschaftlichen Stützen, Erfahrungen des Scheiterns, Resignation, Erschöpfung, Zugehen, Dabeibleiben, Mitgehen, Erkennen der psychischen und gesellschaftlichen Not und Zerrissenheit ...

In der konkreten Arbeit sind folgende Gefahren zu meistern:

Gefangensein im System des Flüchtlings
Das Erleben der Grenzen und Abgründe unserer Gesellschaft weckt moralische Impulse und führt immer wieder zur Verstrickung in Gefühle der Ohnmacht und Wut (Identifikation mit dem Opfer Flüchtling) oder/und in Gefühle der Schuld und der aggressiven Ablehnung (Identifikation mit dem

Täter deutsche Gesellschaft). Weil die Not dieser Familien von Vertretern der deutschen Behörden und der Mehrheit in unserer Gesellschaft immer wieder übersehen wird, kommt der Berater allzu schnell »in die Rolle des auftauchenden Retters« (Klaus Ottomeyer, 2003, S.42) und sieht sich gezwungen, seine therapeutische Neutralität aufzugeben.

Aktionismus

Durch drängende Helferimpulse und Retterphantasien eines in sich selbst verstrickten Experten wächst der subjektive Wunsch der Wiedergutmachung und führt schnell zu Übergriffen, Bevormundung und stellvertretendem Handeln für die Flüchtlingsfamilien, um sich dann, nach Erfahrungen der scheinbaren Nichterreichbarkeit der Flüchtlinge, wenn eben diese sich ganz anders als geplant verhalten, in Ärger und aggressive Ablehnung umzukehren.

Sog der Verzweiflung und Ohnmacht

Die Identifikation mit dem Leidenden ruft eigene Unsicherheit und Verletzbarkeit hervor; die Überidentifikation nährt sie und verursacht eigene unregulierte Gefühlsreaktionen. Bilder der Nichtigkeit und Bedeutungslosigkeit des eigenen Lebens können hoch drängen, begleitet von einer Gefühlstaubheit. Dies begünstigt ein süchtiges Eintauchen in die scheinbar gefühlsgeladene, »echte« Welt des Flüchtlings.

Vermeidung des Kontakts mit dem Klienten Flüchtlingsfamilie zur Vermeidung der eigenen Gefühle

Eine skeptische Abwertung des Gehörten als Strategie des Flüchtlings, sich ein Bleiberecht in Deutschland zu verschaffen oder andere innere Abwehrmechanismen wie Generalisierungen (»die Afrikaner«, »die Flüchtlinge« ...), vorschnelle Diagnosen und Prognosen, Weitervermittlungen oder blinder Aktionismus geschehen meistens aus Selbstschutz, um eine tiefere Berührung mit dem offenkundigen Leid des Gegenübers zu verhindern.

Die Gefahren weisen auf die Notwendigkeit hin, die Arbeit im Team der Beratungsstellte gut zu verankern, Austausch- und Hilfsmöglichkeiten im multiprofessionellen Team immer wieder aufzusuchen, vernetzt zu arbeiten, an spezifischen Fortbildungen teilzunehmen und regelmäßige Supervisionen wahrzunehmen. Nur wenn das Team und der Träger der Einrichtung diese Arbeit offen unterstützen, ist ein tragender Rahmen geschaffen.

Möglichkeiten einer gelingenden Klient-Berater-Beziehung

Therapeutische Interventionen sind sinnvoll und effektiv, so lange sie durch Neuigkeitseffekte zu neuen Erfahrungen führen und damit einen Möglichkeitsraum für gesunde Veränderung schaffen. Unter diesem Vorzeichen stellt sich die Frage, welche Angebote eines Beraters den Flüchtlingsfamilien zu welchen neuen konstruktiven Erfahrungen verhelfen können. Um eine Vorstellung der Möglichkeiten einer Beratungsarbeit zu vermitteln, skizziere ich im Folgenden einige Aspekte im Erleben von den Klienten, mit denen wir (das SOS Beratungs- und Familienzentrum München) gearbeitet haben. Ich werde dabei dem Erleben der Flüchtlinge unsere Intervention und die dadurch ausgelösten neuen Erfahrungen, die vereinzelt berichtet wurden, gegenüberstellen.

Flüchtlinge deuten in ihren Erzählungen immer wieder an, nicht erwünscht zu sein, vergessen zu werden, wertlos zu sein. Unsere Intervention, auf die Familien zuzugehen, d.h. in die Unterkünfte zu kommen oder im Gespräch eine entsprechend neugierig interessierte Haltung einzunehmen, lösen neue Erfahrungen aus. Das Erleben von Interesse an der eigenen Person, an »unserer« Familie wird immer wieder gerade von den Kindern am schnellsten mit Begeisterung und dann nach einer Zeit der Skepsis auch von den Eltern dankbar wahrgenommen und führt zu Öffnungen.

Flüchtlinge erzählen oft vom Scheitern, vom ständig gefordert Sein und doch nicht erfüllen Können (in der Schule, in den Ämtern etc.). Eine Intervention, die konkrete Hilfen anbietet, die realen Nöte zu minimieren (z.B. Begleitung zu Drittstellen und dort dolmetschergestützte vermittelnde Gespräche anbieten, Hilfen bei Suche nach Nachmittagsbetreuung der Kinder; Deutschunterricht etc.) und Anbieten von offenen, nicht fordernden Gesprächen führen zu neuem Erleben von Stützen und ermöglichen damit einen freier werdenden Blick für anderes.

Wir hören immer wieder aus den Geschichten der Menschen das Erleben des Fallens heraus (aus der Gesellschaft, aus allen wohlwollenden menschlichen Beziehungen, aus dem Leben). Die Intervention, die dagegen eine Vernetzungsarbeit im Sinne des Klienten (Schule, ASD, Caritas, Anwälte, Ämter) setzt, verhilft den Flüchtlingsfamilien zu einer neuen Erfahrung des Gehaltenseins in einer Struktur und damit zum Aufbau von partieller Sicherheit sowie dem Wecken von neuer Hoffnung und Glauben ans Leben.

Flüchtlinge erleben ständigen Wechsel und damit Bodenverlust und Bindungslosigkeit. Eine Intervention, die darin besteht, Beziehung anzubieten und zu halten, fördert bei den Betroffenen eine Zunahme an Selbstsicherheit auf dem Boden einer verlässlich stabilen und wohlwollenden

Beziehung. Das ist sicherlich eine der wertvollsten neuen Erfahrungen. Häufig erfahren wir nach einer langen Zeit des Beziehungsaufbaus, teilweise Jahre später, als einzige von den Kindern und von einigen Eltern über ihre innere Welt, ihre Träume, Ängste, Hoffnungen und Gedanken. So formulierte z.B. eine Mutter aus dem Kosovo: »Wenn ich mit Ihnen spreche, verschwindet die Mauer, die mich von allem fernhält.«

Professionelle Erziehungsberatung mit Flüchtlingen sollte sich zunächst mit folgenden Aspekten auseinandersetzen:

- Ein Beratungsangebot mit notleidenden fremden Menschen, die aus ihren sozialen Netzen gefallen sind, verlangt andere, neue, unkonventionelle Methoden.
- Können wir in der Arbeit mit den Flüchtlingsfamilien den therapeutischen Anspruch der Neutralität trotzdem einhalten?
- Flüchtlinge sind Fremde in der Fremde. Meist haben sie große existenzielle Not und Angst erlebt, sind mittellos und ohne Zukunft. Was bedeutet das für uns, wenn wir ihnen begegnen? Welche Macht übt diese fremde Not auf uns aus, welche Angst haben wir vor dem Chaos, das eine solche Not mit sich bringt? Lassen wir uns von der Not erdrücken oder trauen wir diesen Menschen Ressourcen, Fähigkeiten, Lösungsmöglichkeiten, Wissen zu? Sehen wir die Menge, die uns überfordern könnte, oder begegnen wir den einzelnen Menschen mit ihren Geschichten, Fragen und Bedürfnissen?
- Glauben wir, dass die Flüchtlingsfamilien in der Lage sind, ihre Ohnmacht zu stoppen?
- Glauben wir, dass die Familien in der Lage sind, neben dem Aspekt des Scheiterns (der sich tagtäglich an irgendeinem Punkt zeigen kann – Arbeitsverlust, schlechte Zeugnisse der Kinder, wieder nur eine Duldung bekommen, Tod der eigenen Eltern im Heimatland, denen man noch nicht einmal mit Geld hat helfen können und denen man nun auch kein letztes Geleit geben kann etc.) und der scheinbaren Sinnlosigkeit des Kämpfens ihr Leben in einem anderen Licht zu betrachten?
- Sind die Familien in der Lage, über ihr Scheitern und die Sinnlosigkeit zu reflektieren, ohne ganz aufgeben zu müssen?
- Können die Familien in irgendeiner Weise noch Verantwortung für ihre jetzige und morgige Situation tragen? Haben sie handelnd Einfluss auf ihre Befindlichkeit?
- Versuche ich als Beraterin, gemeinsam mit der Familie herauszufinden, was sie in ihrem Leben oder in ihren Beziehungen als problematisch erlebt, oder bin ich gefangen in einem pathologisierenden oder normativen Denken? (Schmidt, 2003, S.94)

Wo steht die Einrichtung in der Arbeit mit Flüchtlingsfamilien? Wo leben die Flüchtlingsfamilien, -kinder? Wie kommen sie in die Einrichtung? Oder gehen wir zu ihnen hin? Wo können wir mit ihnen gut arbeiten? Geht es um den Neuaufbau eines Angebotes? Geht es um eine schnelle Antwort auf die aktuelle Flüchtlingskrise in der eigenen Region? Was soll nach dem Krisenangebot daraus erwachsen? Wie könnte ein langfristiges nachhaltiges Angebot aussehen? Welches Personal muss gefunden werden und so motiviert werden, dass es bleibt? Wer zahlt dieses Angebot? Wie viel Schutz welcher Art bräuchte dieses Angebot?

In der Arbeit mit Flüchtlingen stößt man immer wieder an Grenzen. Wie vielen Menschen kann man helfen, wo ist die Grenze der Stelle, wo die eigene Grenze, wo sind die Grenzen der Klienten, wo gibt die rechtliche Situation die Grenzen vor? Was macht Sinn?

Es ist wichtig, die eigenen Grenzen der einzelnen Mitarbeiter, der Einrichtung etc. zu kennen und ein Gespür für die Möglichkeiten und Gefahren dieser Grenzen zu bekommen. Es müssen Grenzen gesetzt werden, um die Mitarbeiter, die Einrichtung, aber auch die Klienten zu schützen. Grenzen eröffnen ein Terrain und damit erst die Möglichkeit, sich auf das zu konzentrieren, was sich innerhalb der Grenzen abspielt. Dazu gehört auch, dass man ab und zu bis an die Grenzen gehen muss, um die Dehnbarkeit zu testen und die Möglichkeit, diese je nach Bedarf und Lage flexibel zu öffnen oder zu schließen. Nur so lässt sich ein klarer Blick für die eigenen Aufgaben erarbeiten.

In der Arbeit mit Flüchtlingen gerät man unweigerlich in politische Fragen. Wie bereit sind wir, damit offen in der Öffentlichkeit umzugehen? Welche Stimme kann und will unser Träger übernehmen? Wie deutlich will die Einrichtung in ihrem regionalen Jugendhilfenetz gegen politische Missstände klagen? Wie kann und will sich der/die einzelne Mitarbeiter/in positionieren?

Zusammenfassung und Ausblick

Wie können Flüchtlingsfamilien mit ungesichertem Aufenthaltsstatus in die bereits bestehenden und fachlich zuständigen ambulanten Regeleinrichtungen der Kinder- und Jugendhilfe integriert werden? Die fachliche Zuständigkeit der Erziehungsberatung für diese Familien habe ich versucht, oben darzulegen. Eine sinnvolle Arbeit mit den Familien erfordert einen erhöhten Zeitaufwand, eine erhöhte Flexibilität, die Bereitschaft, auch unter sehr ungewöhnlichen Bedingungen Beratungen durchzuführen, und nicht zuletzt, über ein Budget für Dolmetscher zu verfügen. Und das wiederum bedeutet: Geld! Es gilt, kreativ und beharrlich nach Möglichkeiten der Finanzierung zu suchen. Die Idee, doch einfach die Türen für alle Kinder, Jugendlichen oder Eltern unabhängig von ihrer Nationalität und ihrem Aufenthaltsstatus offen zu halten, reicht bei diesen Familien nicht aus. Die Flüchtlingsfamilien leben in derart großer sozialer und räumlicher Isolation, dass sie Angebote häufig nicht wahrnehmen, wenn sie nicht an sie herangetragen werden und sie im Rahmen einer vertrauten Beziehung kennen lernen können.

Die Unerreichbarkeit der Flüchtlingseltern ist ein immer wieder berichtetes Hemmnis in der ambulanten Kinder- und Jugendhilfe. Hilfsangebote werden von den Eltern höflich zur Kenntnis, aber nicht wirklich angenommen. In der Folge versuchen deutsche Fachkräfte, allein den Kindern und Jugendlichen zu helfen. Damit setzen wir aber mit unseren Maßnahmen die Kinder einer Spannung zwischen unserer Welt und der Welt ihrer Herkunft aus.

Eine Erziehungsberatungsstelle verfügt über die fachlichen Möglichkeiten, neben der Beratung und therapeutischen Begleitung dieser Kinder und ihrer Familien gerade auch eine Vernetzung mit weiteren Angeboten der Kinder- und Jugendhilfe zu schaffen und bei den Übergängen dieser Kinder in deutsche Kindergärten und Schulen zu helfen. Sie benötigt die Möglichkeit, mit den Sozialdiensten in den Unterkünften zusammenzuarbeiten, da diese meistens die Bewohner und ihre rechtliche und familiäre Situation kennen und erste Anlaufstelle sind. Es empfiehlt sich, Kontakt zu Rechtsanwälten zu pflegen, die über die fachliche Kompetenz bezüglich des gesamten Ausländer- und Asylrechts einschließlich aller aktuellen politischen Entscheidungen und damit einhergehende Strategien verfügen.

Anisa Saed-Yonan

Flucht und Trauma

Flüchtlinge in der Erziehungs- und Familienberatung

Extreme Erlebnisse wie die Kriegserlebnisse in Syrien, Vertreibung, oder Ermordung und Entführungen, sowie verschiedene Bedrohungen und viele grausame und unmenschliche Ereignisse, haben enorme Auswirkungen auf die seelische Entwicklung der Betroffenen. Man spricht dann von einem Trauma. Ein traumatisches Erlebnis kann körperliche und seelische Verletzungen verursachen. Die körperlichen Schäden sind sichtbar und können von Ärzten behandelt werden, die seelischen Verletzungen jedoch sind unsichtbar und werden häufig nicht weiter behandelt.

Das seelische Gleichgewicht eines Menschen wird im Idealfall geprägt durch ein Grundvertrauen in die Welt. Voraussetzung hierfür ist, dass wir als Kleinkind die Erfahrung gemacht haben, von den nächsten Bezugspersonen beschützt worden zu sein. Dadurch entsteht das Vertrauen, in der eigenen körperlichen und seelischen Abgrenzung zur Umwelt jederzeit unantastbar und sicher zu sein. Ein lebensbedrohliches äußeres Ereignis erschüttert dieses Grundvertrauen, indem Angst und Erregung ins Unerträgliche steigen. Das Grundvertrauen ist somit beschädigt. Mit dieser Belastung fliehen unzählige Menschen vor dem Krieg und suchen einen sicheren Zufluchtsort.

Neben 9 Millionen Menschen, die innerhalb Syriens auf der Flucht sind, flohen etwa 4 bis 6 Millionen Syrer aus ihrem Heimatland. Viele sind auch nach Deutschland gekommen. In diesem Beitrag berichte ich von meiner Arbeit mit traumatisierten Kriegsflüchtlingen aus Syrien, Libyen und dem Irak. Die beschriebenen Erfahrungen und Praxisbeispiele beziehen sich auf meine Beratungstätigkeit im SOS-Kinderdorf sowie aus meiner Tätigkeit als Psychotherapeutin. Im Rahmen der interkulturellen Erziehungs- und Familienberatungsstelle im SOS-Kinderdorf Berlin haben wir uns in den letzten 3 Jahren besonders mit der psychologischen Beratung für geflüchtete Menschen beschäftigt.

Mit welcher psychischen Belastung kommen die geflüchteten Menschen in die Beratung?

Über 100 Flüchtlingsfamilien haben bisher unsere Beratung in Anspruch genommen. Meist kamen mehrere Familienmitglieder in die Beratung; Frauen, Männer aber auch Kinder und Jugendliche, die dann in unterschiedlichen Settings beraten wurden. Sie kommen entweder durch Empfehlung der Mitarbeiter des Heimes zu uns, sowie durch Öffentlichkeitsarbeit oder durch das Weitersagen von anderen Klienten. Jedes Familienmitglied hat ein oder mehrere traumatische Ereignisse erlebt. Entweder haben manche Mitglieder grausame Erfahrungen am eigenen Leib gemacht, wie beispielsweise Entführungen, Vergewaltigungen, Bedrohungen, Plünderungen, oder sie wurden Zeugen von den schlimmen Dingen, die ihren Angehörigen widerfahren sind.

Viele hatten weitere traumatische Erlebnisse auf dem Fluchtweg. Nach ihrer Flucht vor dem Krieg und den dramatischen Fluchtwegen, kommen sie hier erst mal völlig erschöpft an, begleitet von schweren Traumata und deren Folgestörungen. Der Heilungsprozess wird durch die schwierigen Lebensbedingungen, in denen sie während ihres Asylverfahren leben müssen, massiv beeinträchtigt. Hierzulande sind sie zwar in Sicherheit, aber die Heim- und Wohnsituation in Sammellagern oder überfüllten Heimen bietet keine private Atmosphäre, kaum Rückzugsmöglichkeiten, keine Ruhe, Lärmbelästigung, erhöhtes Infektionsrisiko. Mehrere Frauen berichten zudem von sexualisierter Anmache und Übergriffe durch andere Bewohner. Folglich geschehen erneute Traumatisierungen. Ebenfalls ist die zunehmende negative Einstellung gegen die geflüchteten Menschen, wie z.B. seitens Pegida sehr beunruhigend und belastend, auch für die geflüchteten Menschen selbst. Durch all diese Aspekte fühlen sich viele dieser Familien ausweglos und unsicher.

Beispiele aus der Praxis

Im Folgenden werden einige Beispiele aus der Praxis der beraterisch-therapeutischen Arbeit mit geflüchteten Familien beschrieben, bei denen die Erziehungs- und Familienberatungsstelle mit ihren muttersprachlichen Angeboten und ihren multiprofessionellen Kompetenzen des Teams hilfreich sein konnte.

Kinder und Jugendliche

Viele Kinder werden von ihren Eltern zu uns gebracht, weil sie unter Schlafstörungen und Ängsten leiden. Sie wachen öfters schreiend in der Nacht aufgrund von Alpträumen auf und können teilweise nicht allein einschlafen. Sie hängen wieder extrem an ihren Eltern, obwohl sie schon eine eigenständige Entwicklung hatten. Manche Kinder quält wieder das Einnässen; sie zeigen auffällige Symptome von Verhaltensstörungen sowie Entwicklungsverzögerungen. Sie sind Zeugen von Gewalt und Zerstörung geworden oder sind selbst Opfer einer Gewalttat. Sie erlebten die Feindseligkeit in ihrer Heimat. Aus Freunden und aus Nachbarn wurden im Krieg Feinde. Sie mussten fliehen; Hunger und Angst bestimmten ihr Leben. Sie waren mit ihrer Ohnmacht und mit der Hilflosigkeit der Erwachsenen, die nicht verhindern können, was ihnen angetan wird, konfrontiert. Ihr grundsätzliches Vertrauen wurde gebrochen. Im folgenden Fall handelt es sich um eine komplexe Traumatisierung, bei der sich mehrere Trauma-Ereignisse häuften:

Beispiel 1: Leyla[2]

Leyla, neun Jahre alt, sprach nach ihrer Ankunft in Deutschland mit keinem Fremden außerhalb der Familie, war sehr schüchtern und nahm in der Schule keinen Kontakt zu Kindern, zu Erwachsenen und auch nicht zum Lehrer auf. Sie blieb im Unterricht starr verkrampft in einer Ecke.

Nach den Bombardierungen ihres Viertels in Damaskus hatte die Familie die Flucht ergriffen. Auf dem Fluchtweg wurden Leyla und ihre ältere Schwester von ihrer Mutter und den anderen Familienmitgliedern getrennt. Sie landete mit ihrer Schwester (16 Jahre) ganz allein in Dänemark. Die Mutter und die anderen Geschwister kamen in Deutschland an und ihr Vater und älterer Bruder saßen in Griechenland fest. Leyla und ihre Schwester blieben ein paar Monate allein in Dänemark, bis sie ihre anderen Familienmitglieder durch die Unterstützung des Roten Kreuzes fanden.

Die Mutter berichtete, dass ihre Tochter vor dem Krieg ganz anders gewesen sei. Sie habe kaum Ängste gehabt, sei in der Schule sehr gut gewesen und habe als sehr sozial gegolten. Sie war als jüngstes Kind in der Familie schon immer stark an die Mutter gebunden, so dass die Trennung von der Mutter auf diese Weise gravierende seelische Folgen für sie hatte. Die Eltern waren verzweifelt und besuchten die Beratungsstelle, um Hilfe für die Erziehung und im Umgang mit der Tochter zu bekommen.

Leyla ist nun in Therapie, und die Elternberatung läuft parallel. Nach einem Jahr mit ausgiebiger Spieltherapie macht sie mittlerweile Fortschritte.

2 Alle Namen wurden frei erfunden, um den Datenschutz zu gewährleisten.

Sie ist nicht mehr verkrampft. Sie spielt wieder mit Kindern und schließt Freundschaften mit ihnen. Von alleine spricht sie mit Erwachsenen noch nicht, aber sie reagiert und antwortet mittlerweile wieder, wenn sie angesprochen wird.

Beispiel 2: Lama

Lama, 11 Jahre, hatte viele Ängste, konnte nicht allein schlafen und hing wie eine Klette an ihrer Mutter. Sie begleitete die Mutter sogar auf die Toilette. Sie wollte nicht zur Schule gehen, da sie Angst hatte, dass in ihrer Abwesenheit der Mutter etwas passieren könnte.

Die Familie wurde in Syrien aus ihrem Haus vertrieben. Sie flüchteten in eine andere Stadt in Syrien, und als dort ebenfalls die Bombardierungen begannen, sind sie als Familie erneut geflohen und nach Deutschland gekommen. Lama hat keine Therapie gebraucht. Die Beratungsstunden mit den Eltern und die Familiensitzungen, sowie die Arbeit mit der Lehrerin (Abmachungen Mutter anzurufen, erst mal 2x dann 1x, kleine Übungen ...etc.) haben ihr geholfen, langsam ihre Ängste zu abzubauen.

Jedes Kind trauert anders, so wie jedes Kind auch seine eigene Art im Umgang mit Traumata hat. Vielen Kindern sieht man die Trauer nicht an, sie spielen und lachen völlig normal. Dennoch zeigen sie in der Schule möglicherweise Auffälligkeiten, wie Konzentrationsschwierigkeiten, was auch von vielen Lehrern berichtet wird. Einige Eltern kommen zur Beratung aufgrund plötzlicher auffälliger Entwicklungsverzögerungen oder wegen aggressiver Verhaltensweisen ihrer Kinder. Davon betroffen sind besonders Jungen. Die Eltern wissen zwar, dass ihre Jungs im Krieg mit Waffen und Gewalt groß geworden sind, jedoch brauchen sie Hilfe, wie sie damit umgehen können.

Während des Krieges wurde die Erziehung der Kinder oftmals stark vernachlässigt. Es ging hauptsächlich ums Überleben. Auch die Eltern müssen erst wieder in ihre Erziehungsrolle zurückfinden. Aus diesen Bedarfen und aus Kapazitätsgründen haben wir 2 Kindergruppen für Flüchtlingskinder konzipiert, in denen sie mit einem Sozialpädagogen sowohl Gespräche als auch Spiele und soziales Kompetenztraining haben, die mit Hilfe eines ehrenamtlichen Mitarbeiters, der ebenfalls syrischer Flüchtling ist, sprachlich begleitet wird. Eine Künstlerin bietet für die Flüchtlingskinder einen Kurs an, in welchem die Kinder mit ihren Eltern die Möglichkeit bekommen, gemeinsam zu malen.

Unser Ziel mit den genannten Angeboten ist der Versuch, eine Atmosphäre des Vertrauens zu schaffen, die es den belasteten Kindern ermöglicht, noch einmal Kind sein zu dürfen, von selbst über ihre Erlebnisse zu reden und einen Ort zu haben, ihre Empfindungen auszudrücken. Sie erkennen, dass auch andere Kinder ähnliches durchlebt haben und sie somit in ihrem Schicksal nicht ganz allein sind.

In beiden Fällen wurden die Kinder anfangs mit einem Abholdienst von den Heimen zur Beratungsstelle und zurückgebracht. Angebote mit einer unterstützenden Haltung der Erziehungs,- und Familienberatungsstelle können sich nur positiv auf die Kinder mit Fluchterfahrungen auswirken.

Unbegleitet geflüchtete Minderjährige

Es flüchten nicht nur Kinder mit ihren Familien zusammen, sondern es gibt auch viele Minderjährige, die allein hier ankommen. Ihre Familien wollten sie retten und schickten sie alleine los, denn wenn sie bleiben würden, würden sie entweder zum Militär eingezogen oder sich gewaltsam in den IS einfügen lassen.

Beispiel 1: Ali

Der 13-jährige Ali, der zu mir geschickt wurde, nachdem er zwei Suizidversuche hinter sich hatte, ist einer der zahlreichen Minderjährigen, der eine Fluchterfahrung erlebt hat. Ali ist ein Beduine, der nur in der Wüste und mit einer großen Familie gelebt hat. Angekommen in Berlin, ist er nun ganz alleine und vermisst die Familie enorm. Er ist erschrocken von den vielen Eindrücken der Großstadt Berlin und sagt, dass er kaum glauben kann, wo er gelandet ist. Andere kommen an und zeigen sich stark, reden nicht über ihren Kummer. In ihrer Gesellschaft wurden sie so erzogen, dass Männlichkeit und Schwäche zeigen nicht zusammen passen. Erst in den Beratungsgesprächen lassen sie ihre Gefühle und Ängste raus, so auch Ali.

Beispiel 2: Ahmad

Ahmad ist 15 Jahre alt und ist nach einem langen und harten Fluchtweg über vier Länder in Deutschland angekommen. Der Sozialarbeiter brachte ihn zu mir, da er bemerkte, dass Ahmad zwar seine brutale Geschichte ganz locker erzählen kann und brutale Videos zeigt, aber nachts nicht zur Ruhe kommen kann. Zusätzlich zu seinen traumatischen Erlebnissen vermisst er seine Familie und seine Freunde, was natürlich nicht spurlos an einem Jugendlichen vorüber geht. In den ersten Gesprächen ist Ahmad zögerlich, doch nach und nach öffnet er sich und erzählt von seinen Ängsten, den Alpträumen, die ihn nicht schlafen lassen, von dem Fluchtweg und von der bedrohlichen Situation in seinem Heimatland. Jetzt, nach einem Jahr in Deutschland, besucht er eine Schule, lernt und spricht schon gut Deutsch. Er entwickelt eine Perspektive, und die traumatischen Erlebnisse rücken in den Hintergrund.

Eltern

Neben Kindern und Jugendlichen kommen auch zahlreiche Eltern in die Beratungsstelle. Viele Frauen und Männer leiden an Depressionen, Ängsten, Schlafstörungen und Konzentrationsstörungen. Die Konzentrationsschwierigkeiten sind für die Betroffenen am schlimmsten, da sie die Integration in die neue Gesellschaft erschweren, wie beispielsweise das Lernen der deutschen Sprache. Kindern fällt es in dieser Hinsicht leichter als Erwachsenen, sich zu integrieren. Die Eltern sind physisch hier, doch mental sind sie noch in ihrer Heimat. Sie mussten ständig agieren, so lange sie in der Heimat waren, um ihre Familien und Kinder zu retten. Erst in der Migration, wo sie zur Ruhe kommen und ihre Familien in Sicherheit sind, erkennen sie das Ausmaß ihrer psychosozialen Probleme.

Beispiel 1: Herr M

Herr M., der hoch traumatisiert war, kam allein nach Deutschland und musste seine Frau und die beiden Kinder in der Heimat zurück lassen. Er erklärte, er gehe täglich zum Sprachkurs, bekomme jedoch kaum ein Wort mit, von dem was im Unterricht gesprochen werde, da seine Gedanken immer wieder zu seiner Familie und ihrer Situation in Syrien schweifen würden. Nachdem seine Familie ebenfalls in Deutschland angekommen ist, hat er seine Konzentration zurück erlangt, doch der Sprachkurs ist leider schon vorbei. Belastete Menschen brauchen deshalb länger, um eine Fremdsprache zu lernen. Die wenigen Stunden, die sie vom Staat erstattet bekommen, reichen meist nicht aus.

Beispiel 2: Frau B

Frau B., Ingenieurin, erläuterte, in Syrien habe sie trotz des Krieges und trotz des harten Lebens »funktioniert« und ihren Alltag meistern können. Doch seitdem sie hier sei, habe sie ständig Schmerzen und Trauergefühle. Sie fragte mich, weswegen sie die ständigen Kopfschmerzen und Rückenschmerzen, diese Nervosität einfach nicht los werde, da sie doch jetzt in Sicherheit seien. »Warum jetzt?« Wir mussten ihr erklären, dass das natürlich als Spätfolge des Traumas zu verstehen sei. Aber natürlich auch, weil sie ihren sozialen Status verloren habe.

Frau B. ist wie viele Frauen und Männer in Syrien berufstätig gewesen. Lehrerinnen, Direktorinnen, Ingenieurinnen oder Ärztinnen, aber auch Hausfrauen oder Bauern auf dem Feld, alle diese Menschen haben hier erst gemerkt, was sie verloren haben. Sie fühlen sich wertlos, leer, trauern über ihre verlorene Stellung in der Gesellschaft, über die verlorene Existenz, die sie sich aufgebaut haben und die jahrelangen Ersparnisse oder ihre Häuser. Von einer Sekunde zur nächsten ist alles weg.

Sie hatten alles im Griff, die Erziehung der Kinder, wie z.B. die Schulhilfe, die sie ihren Kindern anbieten konnten. Hier können sie ihren Kindern nicht mehr helfen, da sie die Sprache nicht beherrschen und kein konkretes Wissen über die Sozialisierungsprozesse hier im Lande haben. Wie funktioniert das Schulsystem, das Gesundheitssystem, das Rechtssystem? Zum anderen haben sie kein konkretes Wissen über Normen und Werte in der neuen Gesellschaft wie z.B. die kulturellen und pädagogischen Vorstellungen. Die Beratung erweist sich immer wieder als sehr nützlich für die Familien, gerade was die kulturellen Unterschiede in der Erziehung betrifft. Erziehungsstile und Erziehungsideale wie Respekt und Gehorsam vor dem Erwachsenen und Orientierung an einer religiösen Moralvorstellung spielen eine große Rolle. Wobei Förderung von eigenen Meinungen und Ansichten der Kinder keine so wichtige Rolle in den Herkunftsländern spielte.

Kinderrechte sind gar kein Thema für viele dieser Familien. Gewaltfreie Erziehung ist auch ein wichtiges Thema, welches uns mit diesen Familien beschäftigen wird. Als Mitarbeiter/in der Erziehungs-, und Familienberatungsstelle ist es unsere Aufgabe, eine klare Haltung bezüglich unserer Erziehungswerte vermitteln zu können und den Eltern eine Orientierung zu geben.

Viele Eltern haben Probleme mit ihren pubertierenden Jugendlichen, gerade mit den Jungen. Durch die Globalisierung und das Internet ähneln diese Jugendliche im Aussehen und mit ihren Problemen den Einheimischen: Sie »hängen nur rum«, sagen viele Eltern, seien ganz passiv und tun nichts für die Schule. Sie bleiben bis spät in der Nacht draußen, rauchen und spielen. In den Heimen wird dies unabsichtlich gefördert, da viele Jugendliche nicht wissen, was sie mit ihrer freien Zeit machen können. Wir sollen nicht vergessen, das sage ich auch immer wieder den Eltern, dass diese Kinder lange durch den Kriegsalltag keine Regeln und keine Strukturen mehr gehabt hatten. Manche haben seit fünf Jahren keine Schule mehr besucht. So ist es gerade für sie sehr wichtig, wieder klare Regeln und Rituale im Alltag zu bekommen. Viele Eltern sind überfordert und brauchen unsere Hilfe, um ihre Autorität wieder zurückzugewinnen. Dazu kommt die Verwirrung durch große Entscheidungsfreiheiten in dieser Kultur, welche sie in ihrer Kultur nicht kannten. Dies verursacht viel Stress in der Familie – Konfliktstoff, der der Erziehungs und Familienberatung nicht fremd ist; den wir von unseren langjährigen Erfahrungen mit einheimischen Migranten kennen.

Bei den Mädchen ist natürlich die Gleichberechtigung ein zentrales Thema. Die Frauenrolle wird hier anders erlebt als in ihrer Heimat. Die Machtstrukturen verändern sich, die Rolle des Mannes ist nicht mehr so dominant, was zu einer enormen psychischen Belastung in der Familie führt. Diskussionen, Streit und möglicherweise Trennung und Scheidungen bei Paaren können daraus folgen.

Hier könnte die Erziehungs-, und Familienberatungsstelle in Zusammenarbeit mit Heimen, Schulen und Kitas eine Reihe von Vorträgen für die Eltern anbieten, um über die Erziehung und den Umgang mit Kindern und Jugendlichen in der neuen Gesellschaft zu informieren und sie so heranzuführen.

Viele Eltern berichten von Übererregung; sie sind gereizt und ungeduldig, vor allem im Umgang mit ihren Kindern. Sie schreien sie ständig an, was eine negative Wirkung auf die Eltern-Kind-Beziehung hat. Gründe für aggressives Verhalten bei den Eltern sind manchmal die an Leib und Seele erfahrenen traumatischen Ereignisse. Wenn Menschen von einem Trauma betroffen sind, sind meist auch ihre unmittelbaren Familienangehörigen betroffen und leiden durch deren Persönlichkeitsänderung. Aber auch durch die neuen kulturellen Bedingungen finden sie meist keine Lösungen. Die Großfamilien-Struktur verändert sich in die Form der Kleinfamilie. Plötzlich bestimmen nicht nur Verwandte in der Erziehung mit, sondern auch die Institutionen des Sozialstaates, Kita-Erzieher, Lehrer, Jugendamt und Beratungsstellen. Dies alles ist für viele Familien eine *neue Welt*. Deshalb trauen sich viele nicht zu kommen, oder sie werden von alten Migranten abgeschreckt; das Jugendamt könnte ihnen die Kinder wegnehmen.

Trotz allem haben die Kinder und ihre Familien auch viele Fähigkeiten und Ressourcen. Denn das Leben im Krieg ließ jeden auf seine individuelle und persönliche Art kreative Ressourcen entwickeln und sie positiv anwenden. Mann soll sie nicht nur als Opfer sehen, sondern als Überlebende, d.h. als Menschen, die es geschafft haben, eine katastrophale Bedrohung zu überleben, die aktiv den Versuch gemacht haben, sich in Sicherheit zu bringen. Deshalb sollten wir im Beratungsprozess sehr viel Wert auf die Ressourcen legen und diese mit den Familien herausarbeiten, damit alle Familienmitglieder gestärkt werden und einen Blick für das Positive bekommen.

Lena, 16 Jahre alt, lebte einige Zeit in einem sehr überfüllten Heim. Sie zeigte bald eine ganz kreative Idee. Sie wohnte mit ihrer Mutter und ihrem Bruder in einem Zimmer. Da sie kaum Privatsphäre hatte, erzählte sie mir, habe sie sich eine Gardine um ihr Bett gehängt, so dass sie das Gefühl habe, ein Zimmer für sich allein zu haben. Zum Lernen setzte sie sich die Kopfhörer so auf, dass sie nichts mehr hörte. Lena ist also ein gelungenes Beispiel für die Ressourcen und Resilienz des Menschen. Durch Fragen zu Ressourcen vor der Vertreibung oder vor dem Krieg, wird der Klient ermutigt, auf seine eigenen Bewältigungsstrategien zurückzugreifen.

In der interkulturellen Beratung haben wir schon immer festgestellt, dass durch eine offene wertschätzende und eine von Neugier geprägte Haltung, die keine Themen tabuisiert, auch Verständigung über verschiedene kulturelle Hintergründe und über Unterschiede hingweg möglich ist. Außerdem ist zu beobachten, dass wenn die Flüchtlinge sich nach ihrer Ankunft in einem gesicherten und geschützten Umfeld befinden, gut versorgt sind (Beschulung der Kinder, Sprachkurse für die Eltern, angemessene Wohnung, sicherer Aufenthaltsstatus) viele der oben genannten Symptome in den Hintergrund treten.

Eine gesellschaftliche Anbindung nach ihrer Ankunft ist demnach sehr wichtig. Dies ist z.B. bei den ersten Kontingentflüchtlingen zu beobachten, die Deutschland geholt hat, oder auch bei den wenigen, die schon Familienangehörige hier hatten und diese für sie gebürgt haben. Man sieht an vielen Beispielen, wie schnell sie sich hier psychisch stabilisierten und integrierten. Kinder erlernten schnell die Sprache in den Willkommensklassen und fanden schnell Anschluss an Gymnasien. Manche haben ihren Mittleren Schulabschluss oder sogar ihr Abitur erfolgreich hier abgeschlossen. Kontakte zu Menschen, die ihnen beistehen und helfen, sind ein sehr wichtiger Faktor für sie. Familien, die durch eine herzlichen Willkommens-Kultur eingebunden sind, die sich in Deutschland und besonders in Berlin gebildet hat, fühlen sich besser aufgehoben und haben dadurch leichter in der Gesellschaft Fuß gefasst. Deshalb ist der Gedanke der Patenschaften und der freiwilligen Helfer entstanden, sodass wir bei SOS mehrere freiwillige Flüchtlinge haben, die ehrenamtlich in dem Straßenspiel-Projekt mit Kindern arbeiten oder sogar eine Hilfe bei Hausmeistertätigkeiten sind. Das verschafft Anerkennung und stärkt das Selbstwertgefühl.

Abschließende Überlegung

Grundsätzlich lässt sich sagen: Die Flüchtlinge benötigen eine besondere psychosoziale Unterstützung. Sie benötigen Schutz, Beratung sowie Psychotherapie, um sich nach traumatischen Erfahrungen gut entwickeln zu können. Die Erziehungs-, und Familienberatungsstellen sind hier gefordert, mehr Mut zu zeigen und mit den Flüchtlingsfamilien unterstützend und vermittelnd tätig zu sein. Da es einen Mangel an muttersprachlichen Fachkräften gibt, müssen die Erziehungs- und Familienberatungsstellen sich umstellen und Beratungen und Therapien mit Sprachmittler/innen anbieten.

Die Erziehungs- und Familienberatungsstelle als Team verfügt über kompetente Fachkräfte im Kinderschutz, bei Misshandlung und Missbrauch, Gewalt etc. Dazu verfügen wir alle über Ressourcen und Wissen, welches für die Beratung von Flüchtlingen genutzt werden kann. Natürlich ist zu beobachten, dass Beratungsarbeit in diesem Kontext auch mit spezifischen Belastungen und Risiken verbunden ist. Darauf müssen die Träger durch geeignete Qualifizierungsangebote und dichte Supervisionen vorbereitet sein. Die Mitarbeiter/innen brauchen Raum und Zeit, um sich über ihre Psychohygiene zu kümmern; um eine Mitempfindungs-Müdigkeit zu verhindern.

Anisa Saed-Yonan, Karin Jacob

Beratung von traumatisierten Flüchtlingsfamilien

In Deutschland leben immer mehr geflüchtete Familien, die beispielsweise vor dem Krieg aus Syrien, Libyen oder dem Irak geflohen sind. Flucht aus einem Kriegsgebiet ist als ein kollektives Trauma einzustufen. Hinzu kommen Fluchtwege, die häufig traumatisch sind. Und nicht zuletzt wird möglicherweise auch das Asylverfahren in Deutschland mit seinem Ausgeliefertsein und der oftmals empfundenen Hilflosigkeit als traumatisch empfunden.

Viele dieser Eltern, Kinder und Jugendlichen sind folglich traumatisiert und brauchen besonderen Schutz, einen primären Schutz der durch das SGB VIII geboten ist. Alle Kinder und Jugendlichen sind »unabhängig von der Staatsangehörigkeit und vom Status (§6 Abs.4 SGB VIII) in ihrer individuellen und sozialen Entwicklung zu fördern und Benachteiligungen zu vermeiden« (§1 Abs.3 SGB VIII). Tatsächlich sind Flüchtlingskinder und ihre Familien in Deutschland aber noch immer benachteiligt und erhalten keinesfalls selbstverständlich die ihrer jeweiligen Notlage angemessene und ausreichende Unterstützung. Zuständigkeiten, Rechtslagen und Hilfebedarfe sind oftmals unklar, so dass Hilfen im Rahmen der Kinder- und Jugendhilfe möglicherweise noch immer mit Zeitverzögerung beginnen. Flüchtlingsfamilien zu unterstützen, ist eine zivilgesellschaftliche und humanitäre Gemeinschaftsaufgabe, zu der auch Erziehungs- und Familienberater/innen beitragen müssen. In Deutschland lebende Familien mit Fluchterfahrungen werden zunehmend zu Ratsuchenden in der Erziehungs- und Familienberatung.

Die Fachkräfte können mit ihren vielfältigen und flexiblen beraterisch-therapeutischen und präventiven Angeboten einen wichtigen Beitrag dazu leisten, Flüchtlingskinder, Flüchtlingsjugendliche und ihre Eltern auf ihrem Weg in ein neues und angstfreies Leben zu unterstützen und zu begleiten. Die Leistungen der Erziehungsberatung können helfen, die Erziehungs- und Familien-Krisen in einem völlig neuen sozialen Umfeld aufzufangen, Symptome abzubauen und die möglicherweise extremen Belastungen der Kinder und ihrer Eltern zu verringern.

Der bevorstehende langjährige Integrationsprozess fordert von allen Mitgliedern einer Flüchtlingsfamilie hohe Anpassungsleistungen. Diese werden möglicherweise durch traumatogene Prozesse während der Flucht und durch Kriegserfahrungen im Heimatland erschwert. Professionelle Erziehungs- und Familienberatung kann zum Stabilisierungs-, Anpassungs- und Integrationsprozess aller Familienmitglieder einen wichtigen Beitrag leisten, indem sie einen sicheren Beratungsort bietet, mit professionell zugewandten Berater/innen, die zuhören, verstehen und unterstützen mit dem Fokus auf die Entwicklung und Förderung einer eigenverantwortlichen Erziehungskompetenz und Beziehungsfähigkeit der Eltern zum Wohle der Kinder.

Um dieser Anforderung gerecht werden zu können, benötigen Beraterinnen und Berater der Erziehungsberatung Wissen über die Herkunftsländer und über Traumatisierung, um ihr professionelles Handeln weiterzuentwickeln und den geflüchteten Familien mit ihren spezifischen Hilfebedarfen gerecht werden zu können.

Jedoch gibt es nicht »die Flüchtlingsfamilie« oder »das Flüchtlingskind«. Jedes Kind, jeder Jugendliche, jede Familie hat eine ganz eigene Lebensgeschichte und verfügt über individuelle Ressourcen. Denn die Familien kommen aus den verschiedensten Ländern, Kontinenten, verschiedenen sozialen Schichten und haben unterschiedliche Religionen und verfügen über unterschiedliche Kompetenzen.

Fluchterlebnisse einer syrischen Familie

Familie Mohamed[3] hat sowohl im Kriegsgebiet Syrien als auch auf dem Fluchtweg nach Deutschland Dramatisches erlebt. Frau Mohamed ist 42 Jahre alt, verheiratet und hat 2 Kinder, einen Jungen, Samir, 17 Jahre alt, und ein Mädchen, Lina, 14 Jahre alt. Sie ist mit ihren beiden Kindern aus dem Bürgerkrieg in Syrien vor einem Jahr nach Deutschland geflüchtet. Frau M. war in Damaskus als Englischlehrerin an einem Gymnasium tätig. Ihr Mann war Journalist. Sie berichtet, dass 2013 ihr Wohnviertel in Damaskus mehrmals von Bombenanschlägen getroffen wurde, und sie mit ihrer Familie mehrmals die Feuergefechte überlebt hat. Als die Rebellen in ihrem Viertel einmarschierten und das Viertel übernahmen, hat die Regierung das Viertel umzingelt. Alle Männer wurden von der Regierung verhaftet, aufgrund des Verdachtes, die Rebellen zu unterstützen, und die Frauen und Kinder wurden in ihrem Viertel ca. 8 Monate von der Außenwelt abgeschnitten. Nahrungsmittel und Wasser waren gering und zum Schluss kaum vorhanden. Frau M. entschloss sich, obwohl sie nichts über den Verbleib ihres Mannes wusste, mit ihren Kindern zu fliehen. Zuerst gelang ihr die Flucht in den Libanon. Um nach Europa zu kommen, organisierte sie

3 Die Namen sind verändert worden, um die Anonymität der Familien zu sichern.

mit Hilfe eines Schleusers Plätze auf einem Boot nach Italien. Auf dem überfüllten Boot stürzten viele Menschen in das offene Meer, so auch ihre Tochter Lina. In dieser lebensbedrohlichen Situation starben einige Menschen. Lina konnte von Mitgeflüchteten aus dem Meer gerettet und wiederbelebt werden. Nach einer viermonatigen Flucht durch mehrere Länder kamen sie in Deutschland an.

Was versteht man unter einem Trauma?

Wie in diesem Beispiel haben viele geflüchtete Familien in ihrem Herkunftsland und auf dem Fluchtweg Schreckliches gesehen, gehört, erlebt. Krisen-, Kriegs- und Notsituationen sind Ereignisse oder Geschehen von »...außergewöhnlicher Bedrohung oder katastrophenartigen Ausmaßes (kurz- oder langanhaltend), die bei fast jedem eine tiefe Verzweiflung hervorrufen würde« (ICD-10, 2005, S. 169). Ein Trauma ist durch folgendes Erleben gekennzeichnet:

- extremer Stress und damit verbundene körperliche Erregung
- keine Möglichkeit der Flucht und damit verbundene Hilflosigkeit
- keine Möglichkeit des Kampfes und damit verbundene Ohnmacht
- eine zwangsläufige Erstarrung und damit verbundenes Ausgeliefertsein.

Das bedeutet verkürzt: *Stress – no flight – no fight – freeze – Trauma.* In solchen Situationen schaltet der Körper auf einen Notmechanismus des automatischen Tuns, eines Tuns ohne lange nachzudenken, um zu überleben. Gedanken würden in solch katastrophalen Situationen nur behindern. Diese körperlichen Vorgänge Betroffenen zu erklären, hat psychoedukative Wirkung. Dazu muss man wissen: »Unser Gehirn lässt sich ganz grob in zwei Bereiche unterteilen: In die Areale, die wir mit anderen Säugetieren gemeinsam haben – sagen wir bei einem Häschen – und den Teil, der uns als Menschen zu ganz besonderen Säugetieren macht, die Großhirnrinde – der Denker in uns« (Priebe, 2014, S. 18). In einer lebensbedrohlichen Situation kommen die älteren Hirnbereiche, die wir mit anderen Säugetieren gemeinsam haben, zum Tragen. Man könnte auch sagen, das »Häschen-Hirn« übernimmt die Steuerung, was aber nur gelingt, wenn der »Denker« solange ausgeschaltet ist. Das Gehirnareal, das »Häschen« übernimmt in Notsituationen schnell und automatisch die Steuerung, wie bei allen anderen Säugetieren auch.

Menschen geraten in solch einer Situation in einen ungeschützten Angst-Schreck-Schock, der sie in einen überflutenden Stresszustand versetzt. Laut Michaela Huber kann ein tatsächliches extrem stressreiches, äußeres Ereignis für einen Menschen zu einem Trauma werden, wenn eine

Dynamik in Gang kommt, »die sein Gehirn buchstäblich ›in die Klemme bringt‹ und es geradezu dazu nötigt, auf besondere Weise mit diesem Ereignis umzugehen. Diese ›Klemme‹ nenne ich die ›Traumatische Zange‹« (Huber, 2007, S. 38).

In diesen Situationen arbeitet unser Gehirn also im Modus eines neurobiologischen, archaischen Notfall-Überlebens-Musters. Das heißt, dass das Ereignis nicht integriert und verarbeitet werden kann, sondern in unzusammenhängenden inneren Bildern oder Bilderfetzen abgespeichert ist. Das »Häschen« präsentiert unterschiedlichste Symptome, einzelne Erinnerungen und »der Denker versteht sich und die Welt nicht mehr« (Priebe, 2014, S. 20). Die assoziative und integrative Fähigkeit unseres Gehirns, jedes Ereignis, jedes Erlebnis aus der Summe der sensorischen Erfahrungen als mehr oder weniger ganzheitliche Erfahrung zu speichern, welche im Areal der Großhirnrinde stattfindet, der Bereich des »Denkers«, ist beeinträchtigt. Man könnte auch sagen, »Häschen« und »Denker« arbeiten nicht mehr so gut zusammen, wie es normalerweise geschieht. Denn im Notfall sind sie voneinander getrennt.

Menschen leiden unter solch einer psychischen Schockwelle eines traumatischen Ereignisses in mehr oder weniger starkem Ausmaß und können es unterschiedlich gut durch eigene Fähigkeiten bewältigen. Möglicherweise benötigen sie professionelle Unterstützung. Ob durch Selbstheilung oder mit Hilfe von professioneller Unterstützung, das »Häschen« und der »Denker« müssen wieder miteinander in Kontakt kommen. Dem »Denker« muss erklärt werden, »weshalb er so abgeschaltet wurde und wie die Symptome entstanden sind. Dann kann er dem Häschen erklären, dass die alte Situation längst vorbei ist – und sie können gemeinsam die Vergangenheit bewältigen und andere Verhaltensweisen ausprobieren« (Priebe, 2014, S. 20).

Man unterscheidet als zeitlich abhängige Reaktionen auf ein Trauma:

- *Akuter Schock:* In den ersten Stunden nach dem traumatischen Erleben dominieren Übererregung mit Angst, Wut, Panik oder Erstarrung und Apathie.

- *Akute Belastung:* Tage bis Wochen nach dem traumatischen Erleben kann es zu Unruhe, Schlafstörungen, Schreckhaftigkeit, Affektlabilität, Ängsten und/oder Hoffnungslosigkeit, Ohnmacht und Apathie kommen.

- *Posttrauma:* Es kommt zu einer Verarbeitung und Integration des traumatischen Erlebnisses, indem das Geschehen im Gehirn nun strukturiert gespeichert wird, indem das Erleben einen Anfang, einen Verlauf, ein Ende und eine Bedeutung erhält. So kann die Erinnerung ganzheitlich gespeichert und erinnert werden. Gelingt dies nicht, kommt es zu einer Chronifizierung der traumatischen Störung.

Dabei unterscheidet man die posttraumatische Symptomatik in drei Hauptsymptomkreise:

- *Übererregung*
  Schwierigkeiten ein- oder durchzuschlafen; Reizbarkeit oder Wutausbrüche; Konzentrationsschwierigkeiten; übermäßige Wachheit; übertriebene Schreckhaftigkeit als Folge der erhöhten Ausschüttung von Stresshormonen.

- *Intrusionen*
  Wiederkehrende, stark belastende Erinnerungen an das Ereignis; belastende Träume; Flashbacks, verbunden mit kontextentkleideten Gefühlen von Hilflosigkeit, Ausgeliefertsein, Depressionen, Suizidimpulsen, Schmerzen oder Körpermissempfindungen als Folge der Fragmentierung der Sinneseindrücke.

- *Vermeidungsverhalten*
  Das Vermeiden von Gedanken, Gefühlen, Gesprächen oder Aktivitäten, die mit dem traumatischen Erleben in Verbindung stehen; die Unfähigkeit sich an Aspekte des Traumas erinnern zu können; eine eingeschränkte Bandbreite des Affektes als Reaktion auf die Intrusionen.

Das psychische Leid der Familie Mohamed

Frau M. kam in die Erziehungs- und Familienberatungsstelle und suchte zunächst Hilfe für ihre Tochter, da diese unter enormen Ängsten zu leiden hatte. Lina konnte nicht gut einschlafen, denn das Bild im Meer zu treiben, ging ihr nicht aus dem Kopf. Sie war depressiv, wollte nicht rausgehen und war sehr launisch, gefolgt von starken Wutausbrüchen. Sie litt außerdem unter Konzentrationsschwierigkeiten und ständigen Kopfschmerzen.

Die ersten zwei Sitzungen fanden als Orientierungsgespräche mit Mutter und Tochter gemeinsam statt. Sie erzählten von den Geschehnissen. Dabei wurde klar, dass sowohl Mutter als auch Tochter eine Beratung nötig hatten. In den folgenden Sitzungen wurden die beiden getrennt beraten. Nach einigen Sitzungen mit der Tochter allein äußerte diese den Wunsch nach einer intensiveren Therapieform, da sie sich in den Gesprächen sehr wohl gefühlt hat und sie als hilfreich empfand. Folglich wurde eine Therapie für sie gefunden, während die Mutter in der Beratungsstelle blieb.

Frau M. litt unter enormen Schuldgefühlen, vor allem gegenüber ihrem Mann, von dem sie nicht wusste, ob er noch am Leben war, und den sie in ihrer Heimat zurücklassen musste. Erst jetzt, da sie sich in Sicherheit befand und es nicht mehr um den täglichen Kampf ums Überleben ging, fiel ihr auf, wie schlecht es ihr ging – sowohl körperlich als auch seelisch. Die Beratungsstunden waren für sie ein ruhiger Ort, an dem sie ihre Gefühle offen äußern konnte. Es wurden mehrere stabilisierende Übungen mit ihr gemacht, wie z.B. die Lichtstromübung oder der innere sichere Ort. Nach einer Weile in der Beratung erzählte sie von den Fortschritten, die sie machte, wie z.B., dass sie nach und nach besser einschlafen konnte und sich im Alltag etwas entlasteter fühlte.

Frau M. ist weiterhin in Beratung, besucht mittlerweile jedoch eine Sprachschule und arbeitet immer noch daran, ihre Schuldgefühle zu mindern. Da sie in Syrien als Englischlehrerin tätig war, hat sie begonnen, im Heim ein wenig zu dolmetschen. Diese ehrenamtliche Tätigkeit half ihr, etwas Normalität in ihren Alltag zu bringen. Die traumatischen Symptome rücken nach und nach in den Hintergrund.

Hilfsmöglichkeiten für traumatisierte Familien

Als entlastend erleben Traumatisierte bereits eine verständliche und nachvollziehbare Erklärung eines traumatischen Erlebnisses. Wesentlich ist dabei, dass die als belastend erlebten Symptome als eine »normale Reaktion« auf eine frühere unnormale Situation zu verstehen und zu begreifen ist, die zumeist mit einer Erschütterung des Selbst- und Weltverständnisses verbunden ist. Solch eine positive Übersetzung der Symptomatik ist ein erster entlastender Schritt im Rahmen einer beratungstherapeutischen Unterstützung bei der Bewältigung eines erlebten Traumas. Die Erklärung vom »Häschen« und »Denker« (siehe oben) kann hier hilfreich sein.

Für die therapeutische Behandlung eines Traumas gilt der Grundsatz »safety first«, was bedeutet, dass erst einmal eine psychosoziale Sicherheit gegeben sein muss, oder anders ausgedrückt, erst, wenn es einen äußeren sicheren Ort gibt, kann es um die Findung einer inneren Sicherheit gehen. Letzteres ist wesentliches Ziel einer unterstützenden Beratung oder einer Traumatherapie. Wie in jeder Psychotherapie oder auch in jeder beratungstherapeutischen Arbeit ist der Aufbau einer tragfähigen Beziehung zwischen dem traumatisierten Ratsuchenden und der Beraterin oder dem Berater grundlegend für die Wirksamkeit der Hilfe.

Zentral und in den unterschiedlichsten Phasen einer Traumabehandlung notwendig ist die Stabilisierung eines traumatisierten Menschen mit Hilfe der Mobilisierung von Ressourcen. Erst wenn dies erreicht ist und der Hilfesuchende hier Selbstwirksamkeit erlangt hat, ist im Behandlungsprozess die Traumakonfrontation und Traumasynthese möglich, bevor es in der abschließenden Phase der Therapie Raum für die Trauer über das Erlebte und Raum zur Neuorientierung gibt.

Erziehungs- und Familienberatung kann und soll Traumatherapie nicht ersetzen. Durch psychoedukative Unterstützung und prozesshafte Stabilisierungsarbeit kann auch im Kontext der Erziehungs- und Familienberatung eine erste Hilfe von traumatisierten Klienten mit Fluchterfahrung erfolgen. Zu den Methoden der Stabilisierungsphase zählt vor allem das, was ein Mensch braucht, um sich wieder in Sicherheit zu fühlen. Dazu gehören solche basalen Dinge wie:

- körperliche Stabilisierung
- Möglichkeit einer Selbstfürsorge
- Finden eines äußeren sicheren Ortes
- soziale Stabilisierung
- Stabilisierung des eigenen Bezugssystems.

Hilfreich sind darüber hinaus folgende zu erlernende Fähigkeiten bzw. Stress-Coping-Methoden, die zu einer inneren Sicherheit beitragen, indem sie Traumatisierte darin unterstützen, ein Gefühl der Selbstwirksamkeit wieder zu erlangen:

- positive Life-Events vergegenwärtigen
- Imaginations- bzw. Visualisierungsübungen
- Techniken zur Körpersynchronisation und -integration.

Positive Life-Events

Ohne Frage brauchen Traumatisierte eine Anerkennung und Wahrnehmung ihres erlittenen Leides. Daneben die gemachten positiven Erfahrungen bewusst wahrzunehmen, soll den Blick für beide Seiten der Erfahrungen wieder öffnen: Leid und Ressourcen als die zwei Seiten einer Waagschale, die jeweils mit belastenden bzw. mit angenehmen Gefühlen verbunden sind. Nach Reddemann kann man sich das vorstellen, »wie das Trainieren von Muskeln« (Reddemann, 2008, S. 78). Lutz Besser empfiehlt, positive »Life-Events«, die mit Zufriedenheit, Stolz oder Glück verbunden sind, beispielsweise folgendermaßen zu erfragen:

Ereignis	Zeitpunkt/Alter	Welche meiner Fähigkeiten haben mir dabei geholfen?	Was denke ich dabei Positives über mich?	Wie profitiere ich heute von dem Ereignis/ der Fähigkeit?	Wer war dabei? Hat wie reagiert? Mir was gezeigt/vermittelt?

(nach Besser, 2002)

Luise Reddemann lenkt das Augenmerk auf die eigenen Ressourcen und damit auf die positive Waagschale der Erfahrungen, indem sie empfiehlt: »Schreiben Sie bitte alles auf, was Sie können. Notieren Sie auch Dinge, die Sie für ›normal‹ halten, z.B. lesen, schreiben, rechnen usw. Dies alles ist nämlich nicht selbstverständlich. Die Dinge, die wir alltäglich beherrschen, können sich allesamt als Ressourcen nutzen lassen. Anschließend unterstreichen Sie bitte alles, was Ihnen mühelos gelingt. Nun schauen Sie sich ein derzeit bestehendes Problem mit der Fragestellung an, ob eine oder gar mehrere der genannten Fähigkeiten Ihnen bei der Lösung dienlich sein könnte« (Reddemann, 2007, S. 27).

Imaginations- bzw. Visualisierungsübungen

Vorstellungen können unser Gehirn fast ebenso beeinflussen wie echte Erfahrungen und führen zu nachweisbaren Veränderungen im Körper. Dabei ist nicht wesentlich, wie lebhaft sich die inneren Bilder vorgestellt werden können, sondern allein die Vorstellungskraft genügt für die therapeutische Kraft der inneren Bilder. Reddemann weist darauf hin: »Welche Form der Imagination man auch immer verwendet, wichtig ist, sich so wenig wie möglich einzumischen, sondern die Patientinnen ihren Weg finden zu lassen. Auch hier gilt das Prinzip der Begleitung, Information und Ermutigung weit mehr als Expertentum und Belehrung insbesondere i.S. von Besserwissen« (Reddemann, 2008, S. 63). Ziel ist es, heilsame Vorstellungen und Bilder zu etablieren.

Konkret sind Imaginations- bzw. Visualisierungs- oder auch Meditationsübungen in der Therapie von Traumatisierten insbesondere von Luise Reddemann, Ulrich Sachsse und Lutz Besser erarbeitet und erprobt worden. Konkret zählen hierzu zum Beispiel der »sichere innere Ort«, die »inneren Helfer«, der »Tresor«, das »heilsame Licht« und vieles mehr.

Qigong als Technik zur Körpersynchronisation und -integration

Die auf dem Konzept der chinesischen Heilkunde basierende Qigong-Methode hat sich in den letzten Jahren als sehr hilfreiche Trainings- und Therapiemethode bei psychischen Belastungen erwiesen. Sie dient sowohl als Entspannungs- als auch Behandlungsmethode. In der Arbeit mit traumatisierten Frauen wurde in der Erziehungs- und Familienberatung des SOS-Kinderdorf Berlin Qigong angeboten.

Auch Frau Mohamed hat daran teilgenommen. Durch die Übungen hat sie eine Entlastung ihrer Emotionen wie Wut, Angst und Schrecken erfahren: »Zum ersten Mal nach 5 Jahren des Krieges kann ich mich und meinen Körper spüren.« Eine Übung, welche sie als sehr hilfreich empfunden hat, verknüpft die Bewegung, die Hände auf die Körpermitte zu legen und anschließend nach hinten über den Kopf zu führen, verbunden mit der Vorstellung, die Sorgen aus dem Körper heraus nach hinten zu »werfen«. Diese ruhige und sanfte Bewegungsfolge mit der Imaginationskraft der gelenkten Vorstellung half ihr, ihre Blockaden zu lösen. Qigong kann als nonverbale Methode in der Therapie von traumatisierenden Menschen helfen.

Erziehungs- und Familienberatung mit Familie Mohamed

Frau M. kam ursprünglich mit der Frage in die Erziehungs- und Familienberatung, wie sie als Mutter ihrer Tochter helfen könne und wie mit ihr umgehen solle. Sie sage ihrer Tochter zwar, »es ist alles vorbei, wir sind in Sicherheit«, aber es helfe nicht. Für die Tochter war eine therapeutische Hilfe notwendig, die ihr auch vermittelt wurde. Frau M. hat die Beratung weiterhin in Anspruch genommen. Frau M. hatte ihre extremen Erlebnisse und Ängste beiseite gestellt und versuchte, sich darauf zu konzentrieren, sich und ihre Kinder zu retten und für sie da zu sein. Im Beratungsprozess hat sie die Möglichkeit gehabt, über ihre Ängste und ihrer belastenden Situation zu sprechen. Sie konnte durch kleine Übungen und Techniken wie den inneren sicheren Ort und die Lichtstromübung als auch durch die Beziehung und Verlässlichkeit der Beratungsbeziehung eine gewisse innere Sicherheit entwickeln. Die Auseinandersetzungen mit dem neuen Leben in Deutschland waren schnell ein Thema innerhalb der Beratung für sie. Das unheimliche Anderssein hier im Lande machte ihr Angst, wie z.B. die anderen Erziehungsstile, veränderte Normen und Werte, ihre Stellung in der Gesellschaft, ihre Berufsmöglichkeiten. Das Aufbauen eines neuen Leben hier in Deutschland geht mit der Trauer um den Verlust ihres bisherigen Lebens einher. Deshalb versuchen geflüchtete Menschen wie Frau M., in der Fremde zumindest Teile ihres früheren Lebens zu bewahren. Das Fortsetzen der kulturellen und traditionellen Gewohnheiten sind Möglichkeiten, in der Fremde Sicherheit zu bewahren und wiederzugewinnen.

Frau M. hat durch Übersetzungstätigkeiten Anerkennung und Wertschätzung erfahren, was ihr eine große Motivation gegeben hat, weiter an ihren Deutschsprachkenntnissen zu arbeiten und Zukunftsvisionen zu entwickeln.

Psychohygiene für Erziehungsberater/innen

Bei Michaela Huber findet sich zu Beginn des Kapitels, das sich mit der Verhinderung der Mitempfindungsmüdigkeit befasst, folgendes Zitat von Judith Herman: »Die traumatische Übertragung besitzt im Gegensatz zu der gewöhnlichen therapeutischen Erfahrung eine Qualität, bei der es um ›Leben und Tod‹ geht« (Huber, 2006, S.275). Damit ist nachvollziehbar, wie belastend es für Berater und Beraterinnen sein kann, mit traumatisierten Menschen zu arbeiten. Das ist ein Thema, womit sich Erziehungsberater/innen grundsätzlich auseinandersetzen müssen, weil Traumatisierungen durch verschiedene Formen von erlebter Gewalt und nun auch durch Kriegs- und Fluchterfahrungen zu den Familienhintergründen mancher Rat suchender Familien gehören.

In der Begegnung mit traumatisierten Familien passiert es, dass Helfer/innen stark von ihren eigenen Emotionen berührt werden und sowohl in ihrer Feinfühligkeit als auch in ihrer Abgrenzungsfähigkeit besonders herausgefordert werden. Die traumatischen Erlebnisse der Ratsuchenden können die Berater/innen so stark berühren, dass es zu einer intensiven Übertragung und damit zu einem starken Mitschwingen kommen kann. Diese Dynamik kann noch verstärkt werden, wenn Berater/innen eigene traumatische oder sehr intensive stressende Erfahrungen in der eigenen Lebensgeschichte gemacht haben. Deshalb ist es in diesen Beratungsfällen besonders wichtig, als Berater/innen auf die eigene seelische Gesundheit zu achten.

Zu einer wesentlichen Entlastung trägt die für die Erziehungs- und Familienberatung grundsätzliche und kennzeichnende Einbindung der einzelnen Berater/innen in das Team bei. Intervision und Supervision sind grundlegende Kernarbeitsformen, die zur Unterstützung und Entlastung des Einzelnen beitragen und der Qualitätssicherung dienen. Ohne Frage ist vor allem der unterstützende und wertschätzende Umgang im Team als auch von der Leitung und der allgemeinen Öffentlichkeit für die Berater/innen von zentraler Bedeutung für die seelische Gesundheit. Jeder einzelne Berater und jede einzelne Beraterin muss darüber hinaus selbst eine Balance finden zwischen dem Mitempfinden, dem sich Einlassen auf die Rat suchenden traumatisierten Familien und der Abgrenzung, der inneren Distanzierung von dem Leid der Familien, um selbst nicht von all dem Schmerz, der Trauer, Angst und Wut überflutet zu werden. Michaela Huber listet hierfür einige Vorschläge für Helfer/innen auf, die sie empfiehlt, in das eigene Leben zu integrieren. Beispielsweise rät sie, die Zahl traumatisierter Klienten zu begrenzen, Abschiedsrituale für jede/n Klientin/Klienten am Ende jeder Sitzung durchzuführen, um sie auch innerlich hinauszubegleiten, die Tresorübung für belastendes Material am Ende des Tages anzuwenden, Tagebuch zu schreiben, den eigenen Spaßfaktor im Lebensalltag zu erhöhen, die eigene körperliche Stressresistenz zu erhöhen, z.B. durch Sport oder Sauna; die eigenen Beziehungen zu pflegen, Wut herauszulassen, z.B. durch einen Box-Sack, im Wald schreien, dafür zu sorgen, dass man etwas zum Lachen hat, sich Zeit für die eigenen Tränen zu nehmen, wann immer nötig, sich eigene Psychotherapie zu holen, erholsame Urlaube zu machen und vieles mehr (vgl. Huber, 2006).

Fazit

Erziehungsberater/innen bringen aufgrund ihrer vielfältigen Kompetenzen viele Ressourcen für die Arbeit mit traumatisierten geflüchteten Familien mit. Dennoch ist weitere Qualifizierung notwendig, um zusätzliche Kompetenz und Sicherheit im Umgang mit geflüchteten Familien zu gewinnen. Schließlich leben diese Familien in Deutschland und sie werden künftig ganz selbstverständlich zur Klientel der Erziehungs- und Familienberatung gehören.

Dabei ist zu berücksichtigen, dass nicht alle geflüchteten Familien traumatisiert sind und keinesfalls alle eine Traumatherapie benötigen. Aber alle geflüchteten Familien sind Überlebende, die es geschafft haben, einer katastrophalen Bedrohung zu entkommen, und die mit ihrer Flucht aktiv einen Weg gesucht haben, sich in Sicherheit zu bringen und ihren Kindern eine bessere Zukunft zu bieten. Geflüchtete Familien müssen sowohl in ihrem erfahrenen Leid als auch mit ihren vielfältigen Ressourcen, mit ihren Selbstheilungskräften, ihren Resilienzen gesehen werden. In der Erziehungs- und Familienberatung können diese Familien unterstützt werden, sich als Familie, als einzelnes Familienmitglied zu stabilisieren und sich in unserer Erziehungskultur zurechtzufinden.

Literatur

Besser, Lutz (2002): Ausbildungsskript des Zentrums für Psychotraumatologie und Traumatherapie Niedersachsen (ZPTN).

Dilling, H., Mombour, W., Schmidt, M.H. (2005): Internationale Klassifikation psychischer Störungen. Hans Huber Verlag.

Gschwend, Gaby (2004): Trauma-Psychotherapie. Verlag Hans Huber.

Huber, Michaela (2007): Trauma und die Folgen, Teil 1. Junfermann Verlag.

Huber, Michaela (2006): Wege der Trauma-Behandlung, Teil 2. Junfermann Verlag.

Priebe, Kathlen, Dyer, Anne (Hrsg.) (2014): Metaphern, Geschichten und Symbole in der Traumatherapie. Hogrefe Verlag.

Reddemann, Luise (2007): Imagination als heilsame Kraft. Klett-Cotta Verlag.

Reddemann, Luise (2008): Psychodynamisch Imaginative Traumatherapie. Klett-Cotta Verlag.

Zobel Martin (Hrsg.) (2006): Traumatherapie. Psychiatrie-Verlag.

Silvia Keil de Ballón

Psychohygiene in der Beratungsarbeit mit geflüchteten Menschen

Ich öffne dem »Fremden« die Tür und lasse doch seine Geschichte bei ihm. Seine Geschichte bleibt seine Geschichte, meine bleibt meine. Werden diese beiden Geschichten dadurch verändert, dass ich ihm/ihr zuhöre? Wenn ja, wie kann mein Zuhören für uns beide möglichst konstruktiv sein? Welche Wechselwirkung zwischen Klient/in und Berater/in ist hilfreich? Wie kann hier positive Energie entstehen?

Die Beratung mit Flüchtlingen birgt neue Herausforderungen. Betrachtet man in diesem Zusammenhang die Psychohygiene von Berater/innen, so wird deutlich, dass die zu nutzenden Methoden nicht neu sind, sondern auch in »normalen« Beratungskontexten angewendet werden. Auch dort begegnen uns schwierige Schicksale, traumatisierte Menschen und Leid. Jede Fluchtgeschichte unterscheidet sich von jeder anderen und weist dennoch Parallelen auf. Was macht es schwierig, wenn man an Psychohygiene in diesem Kontext denkt?

Ein Grund könnte sein, dass die Annahme besteht, dass häufig eine Traumatisierung der Klient/innen vorliegt. In diesem Zusammenhang könnte es zu Zweifeln kommen, mit diesem Thema angemessen umgehen zu können. Auch können Unsicherheit in Bezug auf die eigene kulturelle Kompetenz bestehen sowie in ganz praktischen Dingen, wie z.B. der Zusammenarbeit mit einem Dolmetscher. Für viele Berater/innen werden diese Themen neu sein. Zudem ist der Beratungsprozess an sich unsicher: Vielleicht muss der geflüchtete Mensch aufgrund behördlicher Entscheidungen wegziehen, und die begonnene Beratung bricht aus »äußeren« Gründen ab.

Was kann helfen, sich gut auf diese Arbeit einlassen zu können?

Auf der Basis einer Teamkultur, die den einzelnen Berater/innen Unterstützung, Wertschätzung und Verständnis entgegenbringt, können auch persönliche Zweifel und Unsicherheiten einzelner Berater/innen geäußert werden. Im Team sollte es Raum für Fallbesprechungen und Reflexion geben. Auch kann eine spezifische, den Fokus auf interkulturelle Themen legende

Supervision genutzt werden – einerseits, um sich zu entlasten, andererseits um neue Kompetenzen zu erwerben und zu festigen.

Hilfreich ist in jedem Fall, wenn Berater/innen sich auf das »Fremde«, das »Neue« in der Beratungsarbeit, einlassen *wollen*. Die Bereitschaft, die Neugier und Interesse an diesen Menschen und ihren Problemlagen öffnen nicht nur den Klient/innen die Tür, sondern vor allem den Berater/innen selbst. Daher wird es aussichtsreich sein, wenn die Berater/innen, die diese Offenheit in sich spüren, diese Arbeit beginnen, und andere, bei denen diese Haltung weniger vorhanden ist, erst später.

Der/die Berater/in stellt in seiner/ihrer Arbeit eine Art Resonanzkörper dar, er/sie geht in Schwingung mit dem Klienten, mit seiner Geschichte. Wie kann es gelingen, bei sich zu bleiben und dennoch in Resonanz mit dem geflüchteten Menschen zu gehen? Wie kann er/sie sich abgrenzen und andererseits die Klientin begleiten, bei ihr sein? Wie kann ein Schutz aufgebaut werden, sowohl für die Klienten, als auch für die Berater/innen, z.B. vor einer traumatischen Überschwemmung durch die Geschichte der Ratsuchenden?

Auch hier sind die Methoden nicht neu. In jeder Beratung kann es zum Auftauchen traumatischen Materials kommen. Hier ist sicherlich Fachwissen über Psychotraumatologie hilfreich, um wahrnehmen zu können, wann der/die Ratsuchende auf einen Ausbruch eines derartigen inneren Erlebens zusteuert. Beratung ersetzt keine Traumatherapie. Darauf zu achten, dass der/die Klient/in möglichst nicht zu tief in sein traumatisches Erleben einsteigt, schützt sowohl Klient/in als auch Berater/in. Um traumatische Erlebnisse verarbeiten zu können, braucht es einen sicheren Rahmen. Dieser wird in der Arbeit mit geflüchteten Menschen vor der abschließenden Bearbeitung des Asylantrags häufig nicht bestehen, da von dieser Entscheidung abhängt, wo der Mensch in Zukunft leben wird. Insofern sollten traumatische Erlebnisse in diesem Rahmen nicht offensiv anvisiert werden, sondern an einer Stabilisierung gearbeitet werden. Dieser Fokus auf Stabilisierung setzt auf einen ressourcenorientierten Rahmen, indem eher die Zukunft und/oder die Verankerung im Hier und Jetzt, der Gegenwart, thematisiert wird, als die Schrecken der Vergangenheit.

Dennoch kann das Auftauchen traumatischer Inhalte nicht mit Sicherheit verhindert werden. Vielleicht hat der/die Klient/in das Bedürfnis, seine/ihre Geschichte zu erzählen. Diesen Wünschen und Impulsen sollte, wie in jeder anderen Beratung auch, Rechnung getragen werden und der Raum hierzu zur Verfügung stehen.

Wenn der/die Klient/in seine Geschichte erzählen möchte, dann kann es hilfreich sein, mit ihm/ihr ein Ende der Geschichte zu entwickeln, das in der Zukunft liegt. Dieses Ende sollte hoffnungsfroh sein. Dies bedeutet Psychohygiene sowohl für Klient/innen als auch für Berater/innen. In diesem Zusammenhang kann für beide auch Humor hilfreich sein, der trotz des schwierigen Kontextes seinen Platz finden kann.

Wenn es gelingt, schwierige Lebenssituationen in einem größeren Zusammenhang zu sehen, dann kann das sehr entlastend für die Seele sein. So bedeutet z.B. das chinesische Zeichen für Krise auch Chance. Eine solche Umdeutung fokussiert auf das seelische, persönliche Wachstumspotenzial durch Krisen und kann wiederum beide entlasten – Ratsuchende und Berater/innen. Beispiele aus religiösen oder mythologischen Geschichten können neue Perspektiven eröffnen: Die Israeli verließen unter der Führung von Mose das Land, in dem sie lange Zeit als Sklaven gelebt hatten: Ägypten. Ihre folgende Wanderung nach Kanaan führte sie 40 Jahre lang durch die Wüste. Sie erlebten viele Entbehrungen, sie irrten herum, sie verloren ihren Glauben an Gott und sie verzweifelten, doch sie gaben nicht auf. Beharrlichkeit führte letztendlich dazu, dass sie grünes Land erreichten. Heute würde man diese Fähigkeit wohl als Resilienz bezeichnen, die dieses Volk trotz wiedriger Umstände durchhalten ließ, und sie dadurch ihr Ziel erreichten.

Solche Lebensphasen können zu einem Persönlichkeitswachstum von Menschen beitragen. Durch das Überwinden schwieriger Lebensumstände wird das innere Wissen geweckt, dass man mit den eigenen Kräften erhebliche Schwierigkeiten meistern kann. Dass all die Verzweiflung und Trostlosigkeit notwendig waren, um im Dunkel die eigene Kraft und den eigenen starken Lebensfunken zu entdecken. Es kann zu der Erkenntnis führen, dass auch, wenn schwierige Situationen im Leben auftreten mögen, man in der Lage sein wird, mit diesen umzugehen. Hierdurch kann eine große Zuversicht entstehen. Diese neu gewonne Kraft kann wiederum eine gute Basis sein für eine Aussöhnung mit der eigenen Geschichte und damit auch für das Wiedererlangen des persönlichen inneren Friedens. In einigen Weisheitslehren wird beschrieben, dass der Weise nicht in ständiger Angst vor dem Sturm lebt. Er bereitet sich statt dessen darauf vor, dem Sturm zu begegnen, wenn er aufkommt. Er weiß, dass Stürme kommen und gehen werden.

Krisen gestärkt überstanden zu haben, kann zu der Sicherheit führen, auch kommende Probleme meistern zu können. Berater/innen begleiten meist in der akuten Krise, in Phasen der Verzweiflung und Hoffnungslosigkeit. Hier kann mithilfe von Geschichten neue Hoffnung bei den geflüchteten Menschen keimen. Man kann auch den geflüchteten Menschen selber fragen, welche ähnlichen Geschichten er aus seiner Weltanschauung, Kultur oder Religion kennt. In allen Traditionen und Kulturen finden sich Geschichten, die Hoffnung schenken.

Die Wechselwirkung zwischen Klient/in und Berater/in wird deutlich: Es ist, als ob beide in einem Boot säßen, und gut ist, wenn der/die Berater/in es steuert, konsequent hin zu positivem und hoffnungsvollem Denken. Dann hilft er sich und seinem Gegenüber. Selbst wenn der/die Klient/in die Hoffnung nicht teilen kann, wird es für den/die Berater/in gut sein, mit den genannten Methoden die Geschichte in einen sinnhaften Zusammenhang zu setzen. Innere Entwicklungsprozesse brauchen Zeit. Es kann sein, dass der geflüchtete Mensch die Phase der Hoffnungslosigkeit noch nicht verlassen kann oder will. Man stelle sich z.B. eine Mutter vor, die während ihrer Flucht ihr Kind verloren hat. Sie bräuchte die inneren Trauerprozesse, und diese könnten erhebliche Zeit dauern, um sich letztendlich von ihrem Kind verabschieden zu können und wieder ins Leben gehen zu können. Treten Depressionen auf, dann sind Menschen ebenfalls oft nicht empfänglich für Visionen der Hoffnung. Neben einer möglichen Weitervermittlung in Trauergruppen, ärztliche Behandlung und vieles mehr, ist es wichtig, dass der/die Berater/in trotz fehlender positiver Resonanz der Klienten nicht ebenfalls in Verzweiflung rutscht. In den Fällen, wo das misslingt und beide in die Hoffnungslosigkeit treiben, sind die Supervision und die Teamberatung wichtige Mittel zur Stabilisierung. Berater/innen sollten auch darauf achten, wie viele Fälle im Zusammenhang mit Flucht sie annehmen können, um gut für sich und andere sorgen zu können.

Zu Beginn des Beratungsprozesses wird es wichtig sein, die eigene Rolle ebenso wie die Grenzen der Beratung zu benennen und zu erklären. Der Berater ist kein Retter, schon gar nicht im Zusammenhang mit Entscheidungen von Ämtern und Behörden. Auf der seelischen Ebene kann er seine Hilfe anbieten, doch auch hier bleibt er Wegbegleiter. Die geflüchteten Menschen kennen in der Regel das Angebot der Erziehungs- und Familienberatung nicht aus ihrem Land. Die Transparenz der Berater/innen hilft, unrealistische Erwartungen der Klient/innen zu verhindern und eigene, überhöhte Ansprüche an sich selbst zu stellen.

Weitere hilfreiche Methoden für Berater/innen sind vielfältig. Es ist gut, wenn man als Berater/in weiß, was man in bzw. nach herausfordernden Beratungssituationen braucht; zum Beispiel Bewegung, Meditation, Imagination, Tai Chi.

Ein wichtiger Punkt ist die Unsicherheit des Beratungsprozesses in Bezug auf Dauer und Kontinuität, sofern der dauerhafte Aufenthaltsort des Klienten noch ungeklärt ist. Was bedeutet das für die Beziehungsgestaltung zwischen Berater/in und Klient/in? Können sich die beiden überhaupt aufeinander einlassen?

Auch diese Rahmenbedingung muss zu Beginn der Beratung transparent sein, so dass beide entscheiden können, ob sie eine Beziehung auf dieser unsicheren Basis aufbauen können. Der/die Berater/in muss für sich einschätzen, wie tief er/sie sich innerhalb dieses Rahmens auf die Beziehung mit dem Klienten einlassen kann. Diese Entscheidung wird von Berater/in zu Berater/in differieren. Es kann sein, dass ein/e Berater/in aus diesem Grund mit dem Klienten sehr an der Oberfläche bleibt, seine/ ihre Arbeit sich vielleicht ausschließlich darauf begrenzt, Ressourcen anzubieten. Ein/e andere/r Berater/in lässt eine Tiefung mit zu. Er hat mit ihm/ihr besprochen, dass die Beratung abrupt enden kann, wenn er seinen festen Aufenthaltsstatus erhält und der Wohnort sich dadurch beispielsweise ändert. Er hat vielleicht angeboten, Beratung auf eine bestimmte Zeit telefonisch fortzusetzen. Möglicherweise hat er/sie auch angeboten, an eine andere Beratungsstelle am neuen Aufenthaltsort weiter zu vermitteln. Diese Haltungen sind alle hilfreich, sie sollten jedoch im Vorfeld klar sein und sollten den geflüchteten Menschen transparent vermittelt werden.

Literatur

Hofmann, Nicolas, Hofmann, Birgit (2012): Selbstfürsorge für Therapeuten und Berater. Weinheim: Beltz.

Kottler, Jeffrey A. (2011):Therapie-Tools Selbstfürsorge. Weinheim: Beltz.

Hilfen für Kinder und Jugendliche

Markus Göpfert

Gruppenarbeit mit Kindern aus Flüchtlingsfamilien

Hilfen zur psychosozialen Stabilisierung

Im Folgenden werden die Besonderheiten und speziellen Anforderungen der sozialpädagogischen Arbeit mit (traumatisierten) Flüchtlingskindern auf der Basis von Erfahrungen aus dem Psychosozialen Zentrum für Flüchtlinge (PSZ) des Caritasverbandes Rhein-Mosel-Ahr e.V. dargestellt. Das multiprofessionelle Team des Zentrums ist den hochkomplexen Anforderungen aus den Bereichen Psychologie, Sozialpädagogik, Medizin, Recht und Politik angepasst. Sozialpädagogische Fachkräfte übernehmen die Sozialberatung sowie die asyl- und aufenthaltsrechtliche Beratung und sind zuständig für die Gesamtkoordination der Versorgung von Flüchtlingsfamilien. Aufgabenbereiche der Psychologen und Psychologinnen sind Beratung, Krisenintervention, Psychodiagnostik, Begutachtung und Therapie.

Ein besonderes Augenmerk des PSZ liegt auf der Situation von Kindern und Jugendlichen. Neben Kinder- und Jugendlichenpsychotherapie organisiert die Einrichtung sozial- und freizeitpädagogische Gruppenangebote zur psychosozialen Stabilisierung von Flüchtlingskindern und wird dabei von einem Tanztrainer, zwei Kunsttherapeutinnen und einem ehrenamtlich tätigen Team unterstützt.

Auswirkungen von Traumata auf den Familienverband und die Kinder

Familie

Anhand der klassischen Symptomtrias der PTBS (Konstriktion/Vermeidungsverhalten, Hyperarousal/Übererregung, Intrusion/Wiedererleben mit hoher Realitätsnähe) lassen sich typische Auswirkungen beschreiben, die durch eine oder mehrere traumatisierte Personen in der Familie auf deren ganzes System einwirken: Es entsteht innerhalb des Familienverbandes ein hoher Leidensdruck, der droht, sich zu einer sich selbst verstärkenden systemischen »Negativdynamik« zu entwickeln.

Vermeidungsverhalten führt zur Tabuisierung von Erlebnissen und Ereignissen innerhalb der Familie. Je ausgeprägter, desto mehr droht es zu generalisieren und das Zusammenleben zu beeinträchtigen. Es kommt zu ausgeprägtem Rückzugsverhalten des Klienten innerhalb der Familie und u.U. auch der gesamten Familie, bis hin zur sozialen Isolation.

Als typisches Symptom der *Übererregung* beschreiben sich die Betroffenen als sehr nervös, gereizt und ungeduldig, vor allem im Umgang mit ihren Kindern. Sie bedauern häufig sehr, ihre Kinder regelmäßig anzuschreien. Aufgrund von Affektdurchbrüchen besteht eine erhöhte Gefahr von gewalttätigen Übergriffen gegenüber den Familienmitgliedern. Auch hier sind die Kinder am meisten gefährdet. Aufgrund von Selbstmedikation/Alkohol- und Drogeneinnahme bei ausgeprägter Übererregung besteht die Möglichkeit des Suchtmittelmissbrauchs mit den entsprechenden Auswirkungen auf die Familie.

Als *intrusives Symptom* innerhalb von Familien kann eine herabgesetzte Feinfühligkeit eingestuft werden, was das Konfrontieren der Kinder mit traumatischen Inhalten betrifft. Dabei wechseln sich typischerweise schlaglichtartige Expositionen mit durchgängigem Tabuisieren ab.

Symptome der traumatisierten Eltern wie Depression, Aggression, Gefühlsabspaltungen erleben Kinder als emotionale Kälte oder Bedrohung und werden davon in ihrer Entwicklung beeinträchtigt. Andererseits leiden die traumatisierten Eltern oft unter Schuldgefühlen, weil sie ihren Kindern nicht genug Fürsorge und Förderung geben können. Nicht selten stellen die Kinder für die betroffenen Eltern die verbleibende Sinnerfüllung dar. Trotzdem werden sie ihrer Kindheit beraubt, indem die Eltern sie in überfordernder Weise mit Aufträgen belasten. In einer für Kinder aus Traumafamilien typischen Parentifizierung übernehmen die Kinder die Rollen der Erwachsenen und besonders die Mädchen deren Fürsorgepflichten (vgl. Markert, 2014, S. 285–286)

Kinder

Flüchtlingskinder gehören generell zu den Hauptleidtragenden. Sie können selbst Opfer oder Zeuge von traumatisierenden Ereignissen geworden sein und haben es besonders schwer, ihr Leiden in beschreibbaren Erinnerungen auszudrücken. Ihre Traumatisierung findet dann möglicherweise Ausdruck in auffälligem Verhalten und Entwicklungsstörungen oder -verzögerungen. Sie konnten vorausgehend kaum positive Ressourcen entwickeln, auf die sie im Zielland zurückgreifen können.

»Wenn die Eltern traumatisiert wurden, bezieht sich das konkrete Leid der Kinder auf die Wahrnehmung von deren Hilflosigkeit und Zerstörung. Ein Kind, das bei der Vergewaltigung der Mutter zuschauen muss, erlebt nicht nur, wie einem geliebten Menschen schreckliches Leid angetan wird, sondern auch, dass es der eigenen Mutter nicht helfen kann und dass diese ihre Schutzfunktion dem Kind gegenüber verliert. Die Verletzung des Kindes ist daher dreifach. Eine Gefahr für ihre weitere Entwicklung besteht darin, dass die Eltern aufgrund ihrer eigenen Traumatisierung ihrer Rolle als Vater oder Mutter nicht mehr gerecht werden können« (Becker, 2005).

Die Flucht aus dem Heimatland vor Krieg, Folter und Gewalt bedeutet für die Kinder vielfach die absolute Entwurzelung aus vertrauten Familienstrukturen, Werte- und Normmustern. Hinzu kommen direkte und indirekte Gewalterlebnisse. Die Situation im Exil ist gekennzeichnet durch Armut, gesellschaftliche Ausgrenzung und fehlende Zukunftsperspektiven. Vor allem die oft jahrelange Unsicherheit zwischen Bleiberecht und Abschiebung beeinflusst den Alltag von Flüchtlingskindern und ihren Familien. Die Eltern haben sich aufgrund eigener Gewalterfahrungen häufig verändert und können ihrer Erziehungsrolle nicht mehr gerecht werden.

Möglichkeiten der Hilfe für Flüchtlingskinder in sozialpädagogischen Handlungsfeldern

Im Folgenden wird ausführlich auf ein besonders prägnantes, positives Beispiel aus der Arbeit mit Flüchtlingen eingegangen. In der oben erwähnten Einrichtung gehört es zu den Zielen, die betroffenen Kinder psychosozial zu stabilisieren und einen Schwerpunkt auf sozial- und freizeitpädagogische Angebote zu setzen. Es handelt sich in der Regel um durchaus bekannte Formate aus der Kinder- und Jugendsozialarbeit, die aber für den Einsatz in der Arbeit mit Flüchtlingskindern eine spezifische konzeptionelle Überarbeitung erfahren haben.

Die Kinder haben viel zu verarbeiten und stehen unter einem hohen Anpassungsdruck. Das PSZ gestaltet seine Gruppeangebote daher als Schutzraumangebot für Flüchtlingskinder. So ist es für sie einfacher, sich in einer Gruppe mit Kindern zu bewegen, die ähnliche Erfahrungen gemacht haben und sich in der gleichen Lebenssituation befinden. Das spüren die Kinder, bewegen sich freier, eher ohne Scham und können sich leichter öffnen. Nach einer gewissen Stabilisierung ist dann der Schritt in einen ortsansässigen Verein oder eine andere Gruppe meist einfacher. Natürlich kann man ein Gruppenangebot auch integrativ gestalten. Wichtig erscheint, dass es in den jeweiligen Kontext der Einrichtung oder des Gesamtangebots passt (z.B. Jugendzentrum, Schule, Sportverein, Flüchtlingsunterkunft, Beratungsstelle) und die besondere Situation eines Flüchtlingskindes seinen Platz findet.

Sequenzielle Traumatisierung und das STOP-Modell

Je nach Persönlichkeit reagieren Flüchtlingskinder auf traumatische Erlebnisse mit Entwicklungs- und Persönlichkeitsstörungen sowie anderen Verhaltensauffälligkeiten, die sich wiederum im Krankheitsbild der Posttraumatischen Belastungsstörung wiederfinden. Trotz allem haben die Kinder und Jugendlichen auch viele Fähigkeiten. Kreativ zu sein, hieß für sie vielleicht schon einmal überleben. Diese Ressourcen gilt es im Umgang mit den Kindern zu erkennen und zu stärken. Der Begriff der sequenziellen Traumatisierung nach Hans Keilson sollte für das Verständnis sozialpädagogischer Arbeit mit Flüchtlingskindern Berücksichtigung finden. Dr. Hans Keilson war Arzt und Psychoanalytiker und arbeitete im Zweiten Weltkrieg mit versteckten jüdischen Kindern im Untergrund. Er hat die Kinder, die zumeist ihre Familien in den Konzentrationslagern verloren hatten, nach dem Krieg weiter betreut und begleitet. Aus seiner Arbeit heraus entwickelte Keilson den Begriff der »traumatischen Sequenzen«. Keilson geht dabei davon aus, dass Traumatisierungen, die durch Flucht und Exil verursacht werden, nicht als ein traumatisches Ereignis zu verstehen sind, sondern als eine Aufeinanderfolge von mehreren traumatischen Sequenzen. Es werden drei traumatische Sequenzen beschrieben:

- *Erste traumatische Sequenz*
  Unheil, Krieg und Verfolgung kommen immer näher. Die Bedrohung des Einzelnen und der Familie wird immer konkreter.

- *Zweite traumatische Sequenz*
  Die direkte Verfolgung des Einzelnen und der Familie setzt ein – Flucht.

- *Dritte traumatische Sequenz*
  Die Ankunft und Niederlassung im Aufnahmeland. Keilson weist nach, dass der Verlauf der dritten Sequenz entscheidende Bedeutung für die längerfristige Entwicklung der betroffenen Kinder hat. Durch gute Versorgung und tragfähige Beziehungen konnten Langzeitschäden in seinem Kollektiv gemildert und vermieden werden. Hieraus erweist sich, übertragen auf die aktuelle Situation von Flüchtlingskindern, dass sich nicht zwingend langfristige Störungen entwickeln müssen, wenn die Kinder hier in gesicherten Verhältnissen leben können (das heißt unter anderem Beschulung, angemessene Wohnung, sicherer Aufenthaltsstatus) (vgl. von der Marwitz 1998).

Unter Einfluss dieser Erkenntnisse wurde im Rehabilitationszentrum für Folteropfer in Kopenhagen für traumatisierte Kinder und Jugendliche und ihre Familien das STOP-Modell entwickelt. Das Modell enthält ganz einfache pädagogische Grundsätze, die auf dem Hintergrund von Flucht und Trauma ihre besondere Bedeutung finden. Das Modell kann in nahezu alle sozialpädagogischen Ansätze integriert werden. Es geht darum, den traumatischen Prozess, das Fortbestehen des Terrors in der dritten traumatischen Sequenz zu stoppen.

»Das S steht für *Struktur.* Den chaotischen Prozess, in dem diese Kinder stecken, zu unterbrechen, heißt, ihnen Struktur zu geben, einen festen Rahmen zu schaffen.

Das T steht für *Talking and Time* (Gespräche und Zeit). Es ist von zentraler Bedeutung, den Kindern und ihren Familien Zeit und Raum für Gespräche anzubieten.

Das O steht für *Organized Play* (organisiertes Spiel). Durch die Bereitstellung von Spielmaterialien soll organisiertes Spiel möglich werden und dadurch eine Situation entstehen, in der im Spiel das traumatische Erleben bearbeitet werden kann. Die Art des Spielangebots richtet sich dabei nach den altersgemäßen Bedürfnissen des Kindes.

Das P steht für *Parent Support* (Unterstützung der Eltern). Es bedeutet, die Eltern in ihrer Verantwortlichkeit ernst zu nehmen, ihre Leistungen für das Überleben der Familie zu würdigen und an den spezifischen Stärken und Fähigkeiten dieser Familien anzuknüpfen« (von der Marwitz, 1998, S. 148).

Der Übergang von sozialpädagogischer und psychotherapeutischer Arbeit ist oft fließend und greift ineinander. Natürlich ersetzt freizeitpädagogische Arbeit keine Therapie. Sie kann jedoch in Ansätzen Erlebnisse aufgreifen, Räume dafür bieten, Verarbeitungsprozesse in Gang zu bringen, Erholung und Entspannung ermöglichen, sowie vor allem Struktur und Orientierung vermitteln. Dies sind wichtige Aspekte zur psychosozialen Stabilisierung und zur Aufdeckung vielfacher Ressourcen, die die Kinder haben und selbstheilend einsetzen können. In diesem Sinne sind die ganz alltäglichen Abläufe und Angebote wie der Besuch einer Kita, der Schulbesuch oder die regelmäßige Teilnahme an Freizeitaktivitäten (Sport, Musik, Theater etc.) besonders heilsam für traumatisierte Flüchtlingskinder. Flüchtlingskinder haben oft nur wenig positive Erfahrungen gemacht. Sie hatten kaum Raum, in dem sie das sein konnten, was sie sind, nämlich Kind. Dafür gilt es, im Exil neue Räume zu schaffen. Vertrauen und Geborgenheit muss für sie neu erfahrbar sein.

Resilienzförderung
Hilfreich und beachtenswert in verschiedenen Angeboten an Flüchtlingskinder ist der Aspekt resilienzfördernder Faktoren. So lassen sich Konzepte der Resilienzförderung gut mit den Grundsätzen des beschriebenen STOP-Modells vereinbaren. Im Resilienzkonzept wird der Mensch als aktiver »Bewältiger« und »Mitgestalter« seines Lebens gesehen, wobei Menschen dabei auch der Hilfe und Unterstützung von außerhalb bedürfen (vgl. Wustmann 2005). Resilienz kann insofern gefördert werden, dass Personen Erfolgserbnisse ermöglicht, Risikobedingungen abgebaut und risikomildernde Bedingungen verstärkt werden (vgl. Lanfranchi 2008). Aufgrund ihrer spezifischen Situation erscheint die gezielte Förderung der Resilienz bei Kindern und Jugendlichen aus Flüchtlingsfamilien besonders wichtig und sinnvoll. Zentral ist dabei das Ansetzen von resilienzfördernden Maßnahmen auf verschiedenen Ebenen im Sinne des STOP-Modells. In unserer Einrichtung richten sich somit die Beratungs- und Therapiekonzepte primär an die Erwachsenen (»Parent Support«). In der Kinder- und Jugendgruppe *Multi-Kulti-Kids* fokussieren sozial- und freizeitpädagogische Maßnahmen die Stärkung der individuellen Ressourcen der einzelnen Teilnehmer und Teilnehmerinnen und deren Einbindung in ein förderliches soziales Umfeld.

Sozial- und freizeitpädagogische Gruppenarbeit im PSZ

Ferienerholungsmaßnahmen
Mehrtägige Ferienerholungsmaßnahmen bedeuten für alle Teilnehmer-/innen Normalität innerhalb der besonderen Situation der Maßnahme mit einer sehr kindzentrierten Ausrichtung. Die Ferienerholungen werden von zwei PSZ-Mitarbeitern und einem ehrenamtlichen Team für maximal 25 Kinder und Jugendliche einmal jährlich in den Sommerferien organisiert und durchgeführt.

Das gemeinsame Erleben des Tagesablaufs und der jeweiligen Aktivitäten, die gemeinsamen Spiele und Mahlzeiten schaffen eine Atmosphäre des Vertrauens und ermöglichen es, den oft schwer belasteten Kindern noch einmal, Kind sein zu dürfen und über ihre Erlebnisse im Heimatland und in Deutschland zu berichten. Der ungezwungene Austausch mit Gleichaltrigen und erwachsenen Bezugspersonen ist dabei eine wichtige Unterstützung (»Struktur«, »Organized Play«, »Talking and Time«) und bietet die Möglichkeit der Entspannung und Erholung. Durch die Ausrichtung der Maßnahme auf die Bedürfnisse der Kinder und Jugendlichen erfahren diese ein hohes Maß an Wertschätzung und Akzeptanz und können überdies durch die Übernahme angemessener Verantwortlichkeiten (Küchendienst,

Kochen, Einkauf) ihr Selbstbewusstsein aufbauen und stärken (vgl. Göpfert, Krämer 2011).

Interkulturelle HipHop-Werkstatt

In der interkulturellen HipHop-Werkstatt werden regelmäßig professionelle Tanztrainings (z.B. Breakdance) angeboten. An den Trainingsgruppen nehmen regelmäßig 12 bis maximal 20 Kinder und Jugendliche teil. Die Gruppen werden von einem Tanztrainer angeleitet und durch einen PSZ-Mitarbeiter und ein ehrenamtliches Team begleitet. HipHop ist Bestandteil einer der derzeit größten Jugendkulturen. Breakdance zeigt sich als sehr geeignetes Medium, um einen Zugang zu den Flüchtlingskindern und -jugendlichen zu finden und zu einem konstruktiven Arbeiten zu gelangen. Von Bedeutung sind hier die Aspekte der Zugehörigkeit des Breakdance zu einer weltweiten HipHop-Gemeinschaft und einer aktuellen Jugendkultur, die sich im Spannungsfeld von Migration, Globalem und Lokalem bewegt, sowie des Nachtanzens zur Musik von aktuellen Stars, welche den Kindern und Jugendlichen in Form von Bewegungsvorbildern Orientierung und Sicherheit geben. Breaker zeigen, dass das Unmögliche möglich ist. Im Sinne resilienzfördernder Faktoren überwinden sie Grenzen auf physischer Ebene und können daraus eine innere Stärke für den Umgang mit den Herausforderungen des Lebens entwickeln (vgl. Rode, 2006). Alle Kinder und Jugendlichen kommen in vielerlei Hinsicht gestärkt aus den Trainings (Erleben persönlicher Grenzen, Erleben persönlicher Handlungsfähigkeit durch das Planen und Umsetzen komplexer Bewegungsabläufe, positives Körpergefühl). Die Trainingsstunden bieten den Teilnehmern und Teilnehmerinnen einen Raum zum Abschalten, zum Ausdruck eigener Gefühle und einen sicheren Ort zum Umgang mit ihren Krisen. Auch das Ausagieren von Wut und Aggression ist möglich. Insbesondere die mit den erlernten Choreographien verbundenen Auftritte fordern und fördern das Selbstbewusstsein.

Kunsttherapiegruppen an Schulen

Aufgrund vielfacher Unterstützungsanfragen von Schulen im Umgang mit Flüchtlingskindern ist das PSZ direkt an Schulen aktiv geworden und bietet dort Kunsttherapiegruppen an, die von zwei Kunsttherapeutinnen durchgeführt werden. Die Gruppen finden ein- zweimal wöchentlich in Gruppen von bis zu 8 Kindern im Anschluss an den regulären Unterricht oder im Ganztagsschulbereich statt. Dies passiert sowohl an Grund- und weiterführenden Schulen wie auch an einer Berufsschule. Ziel der Gruppen ist es, den Kindern und Jugendlichen am Ort Schule einen Schutzraum zur seelischen Verarbeitung ihrer Erfahrungen zu geben und sie in ihrem Alltag zu stützen. Der therapeutische Ansatz ist dabei ressourcenorientiert, d.h. es geht in erster Linie darum (verloren gegangene) Kreativität und Phantasie wieder zu entdecken und der Freude am Malen und Plastizieren freien Lauf zu lassen. Dabei hat sich die enge Kooperation mit Lehrern und Schulsozialarbeitern sehr bewährt. Unterstützungsbedarfe können vor Ort aufgegriffen werden, ggf. können aus der Vernetzung heraus weitere Hilfen in die Wege geleitet werden.

Mit voller Intensität erreichen einen oftmals die unsäglichen Lebensläufe der Kinder und Jugendlichen. In Beratungen und Supervisionen für andere Stellen und Einrichtungen erleben wir somit auch immer wieder Ängste und großen Respekt vor der Arbeit mit Flüchtlingskindern. In den unterschiedlichen sozialpädagogischen Handlungsfeldern helfen hier die Reflexion eigener Handlungsabläufe und bestehender Konzepte im Kontext der Lebenssituation von Flüchtlingen. Interkulturelle Kompetenz und eine intensive, niedrigschwellige Beziehungsarbeit (konkret z.B. aufsuchende Arbeit, Hausbesuche, persönliche Vorstellung des Angebots, Kinder zu den Angeboten abholen, regelmäßiger Elternkontakt) sind unabdingbare Voraussetzungen. Die Kinder benötigen eine stabile, kontinuierliche Begleitung durch Erwachsene in klaren Beziehungen, die sie bei der Erreichung ihrer Ziele unterstützen. In den Gruppenangeboten sind klare Regeln, das Setzen von Grenzen und v.a. deren konsequentes Durchhalten von hoher Bedeutung. Dies zeigt sich unter Umständen als schwierig, weil die Kinder in der Opferrolle unser Mitleid wecken und man eher einen »schonenden« Umgang für förderlich hält. Auf dem Hintergrund der Vermittlung von Struktur, Orientierung und dem Gefühl von Sicherheit finden hier Konzepte von Regeln und Grenzen jedoch eine sehr bedeutende Rolle zur psychosozialen Stabilisierung.

Unsere Erfahrungen zeigen, dass es vielfach ganz einfache Handlungsstrategien sind, die Flüchtlingskindern in ihrer Lebenssituation und ihrem Heilungsprozess weiter helfen. Die Dauerbelastungen der oft jahrelang andauernden Asyl- und Aufenthaltsverfahren können teilweise aufgefangen und aufgegriffen werden und den Kindern kann eine Art »persönliche Aufenthaltsgenehmigung« vermittelt werden (vgl. Adam, Aßhauer 2007).

»Beim Tanzen kann ich alles vergessen, da muss alles raus.« »Ich habe keine Angst mehr, alleine nach draußen zu gehen und mit anderen Kindern zu spielen.« »Endlich traut mein Sohn sich etwas und macht auch in der Schule mit«. »Jetzt bin ich gar nicht mehr so schüchtern.« – »Jetzt kann ich in der Schule auch einmal über ein schönes Erlebnis berichten.« Das sind Aussagen von Kindern, Jugendlichen und Eltern, die fast mit gleicher Intensität zurückkommen wie das »Unsägliche« und uns zeigen, dass Hilfe ankommt.

Abschließende Bemerkungen

Auf die Probleme von Flüchtlingen und Flüchtlingsfamilien spezialisierte Fachleute stellen fest, dass von öffentlicher Seite (Schule, Kita, Ausländerbehörde, etc.) das Traumapotenzial von Migranten und Migrantenkindern deutlich unterschätzt wird. Es muss daher ein ausdrückliches Anliegen sein, alle, die in ihrem Berufsalltag auf diese Menschen treffen, zu sensibilisieren. Vorgebrachte Problematiken (z.B. psychosomatische Beschwerden, Aggressivität, Konzentrationsprobleme) sollten immer auch vor dem Hintergrund einer möglichen Traumatisierung betrachtet werden mit einem besonderen Augenmerk auf die Kinder der Familien. Die Folgen von Flucht und Trauma in Flüchtlingsfamilien werden mit Sicherheit auch in Zukunft eine Herausforderung für Beratung und Therapie sein. Gehen wir darauf zu!

Literatur

Adam, H.; Aßhauer, M. (2007): Flüchtlingskinder – Individuelles Trauma, Versöhnungsprozess und soziale Rekonstruktion. In: Fooken, I.; Zinnecker J. (Hrsg.): Trauma und Resilienz. Chancen und Risiken lebensgeschichtlicher Bewältigung von belastenden Kindheiten. Weinheim, München: S. 155–168.

Becker, D. (2005): Refugio-Report. München.

Dilling, H., Mombour, W. & Schmidt, M.H. (Hrsg.)(2011/8): Internationale Klassifikation psychischer Störungen: ICD- 10 Kapitel V (F). Klinisch-diagnostische Leitlinien. Bern: Huber.

Fischer, G.; Riedesser, P. (2009/4): Lehrbuch der Psychotraumatologie. München: Ernst Reinhardt.

Göpfert, M.; Krämer, Y. (2010): Caritasverband Rhein-Mosel-Ahr e.V. (Hrsg.): Multi-Kulti-Kids – Interkulturelle Kinder- und Jugendsozialarbeit zur psychosozialen Stabilisierung von Flüchtlingskindern, Mayen.

Göpfert, M.; Markert, G. (2014): Flucht und Trauma – Hilfen für Kinder und Familien. In: Krist, M.; Wolcke, A.; Weisbrod, C.; Ellermann-Boffo, K. (Hrsg.): Herausforderung Trauma – Diagnosen, Interventionen und Kooperationen der Erziehungsberatung, Weinheim, Basel: S. 280–293.

Huber, M. (2003) : Trauma und die Folgen. Trauma und Traumabehandlung. Paderborn: Junfermann.

Irmler, D.; Penders, J. (2007): Therapiezentrum für Folteropfer/Caritas-Flüchtlingsberatung (Hrsg.): Damit Flüchtlingskinder im Leben bestehen ... Entwicklung, Vermittlung und Anwendung eines Drei-Säulen-Modells zur Förderung von Resilienz (DSR) bei primär und sekundär traumatisierten Flüchtlingskindern- und jugendlichen und Familien, Köln.

Keilson, H. (2001): Sequentielle Traumatisierung. Deskriptiv-klinische und quantifizierend-statistische follow-up Untersuchung zum Schicksal der jüdischen Kriegswaisen in den Niederlanden. Gießen: Psychosozial-Verlag.

Lanfranchi, A. (2008): Resilienzförderung von Kindern bei Migration und Flucht. In: Welter-Enderlin, R.; Hildenbrand, B. (Hrsg.): Resilienz – Gedeihen trotz widriger Umstände. Carl-Auer-Systeme Verlag. Heidelberg, 2. Aufl. 2008, S.119–138.

Rode, D. (2006): Breaking. Popping. Locking. Tanzformen der HipHop-Kultur. Tectum Verlag. Münster.

Simon, F.B., Clement, U. & Stierlin, H.(2004/6): Die Sprache der Familientherapie. Ein Vokabular. Stuttgart: Klett-Cotta.

Von der Marwitz, T. (1998): Traumatisierte Flüchtlingskinder – Psychosoziale Hilfen. In: Meinhardt, R. (Hrsg.): Zur schulischen und außerschulischen Versorgung von Flüchtlingskindern. Schriftenreihe des IBKM/Ossietzky Universität, Oldenburg, S. 129–148

Wustmann, C. (2005): Das Konzept der Resilienz und seine Bedeutung für das pädagogische Handeln. In: Bohn, I. (Hrsg.) (2006): Dokumentation der Fachtagung. Resilienz – Was Kinder aus armen Familien stark macht. Institut für Sozialarbeit und Sozialpädagogik: ISS – Aktuell 2/2006: Frankfurt a.M., S. 6–14

Katrin Sensenschmidt,
Volker Neuhaus

Blicke zurück und nach vorne

Stabilisierende Gruppenarbeit mit jugendlichen Flüchtlingen aus Afghanistan

Dass Menschen vor Krieg, Terror oder anderen existenziellen Bedrohungen aus anderen Teilen der Welt nach Europa flüchten, ist seit vielen Jahren Teil unserer gesellschaftlichen Realität. Entsprechend sind Angebote der psychosozialen Versorgung entstanden, die zwar noch nicht ausreichend sind, aber dennoch speziell auf die Beratung und Therapie von geflüchteten und traumatisierten Menschen mit einem anderen kulturellen Hintergrund zugeschnitten sind.

Unbegleitete minderjährige Asylbewerber in der Erziehungs- und Familienberatung?

In der Erziehungs- und Familienberatungsstelle kommen bislang von diesen hoch belasteten Familien oder Jugendlichen nur wenige an – zumindest ist dies bei uns in Siegburg der Fall. Gründe dafür könnten sein, dass es für die Geflüchteten zunächst einmal darum geht, den Alltag zu organisieren und sich um einen Aufenthaltsstatus zu bemühen. Auftretende familiäre und persönliche Probleme werden mit Landsleuten oder den vertrauten Begleitern aus der Flüchtlingshilfe besprochen. Die Idee von Erziehungsberatung, mit einer fremden Person in deutscher Sprache über familiäre Schwierigkeiten zu sprechen, sowie die dem Angebot zugrunde liegende Komm-Struktur, scheint die Familien nicht anzusprechen.

Als 2015 die Zahl der Flüchtlinge in Deutschland stark anstieg und die so genannte Flüchtlingskrise ausgerufen wurde, führte dies auch in unserer Beratungsstelle dazu, sich damit auseinanderzusetzen, wie wir als kommunale Einrichtung die neuen Mitbürgerinnen und Mitbürger unterstützen und somit auch das Netz der psychosozialen Versorgung von geflüchteten Menschen verstärken könnten. Dabei galt es, auf vorhandene Ressourcen und Kompetenzen zurückzugreifen. So entstand schnell die Idee der Stabilisierungsgruppe für »umF« (unbegleitete minderjährige

Flüchtlinge[4]), die durch die Jugendämter in unserem Einzugsgebiet untergebracht werden mussten und sich somit im Verantwortungsbereich der Jugendhilfe befinden.

In der Siegburger Beratungsstelle ist die Gruppenarbeit mit Kindern und Jugendlichen seit Jahrzehnten fester Bestandteil des Angebots. Regelmäßig finden Gruppen für Kinder mit getrennten Eltern statt sowie soziale Kompetenztrainings für Kinder und Jugendliche. Insofern waren reichlich Knowhow und Erfahrung in der Gruppenarbeit mit Jugendlichen vorhanden, nicht jedoch mit der Zielgruppe von jungen Menschen mit traumatischen Erlebnissen, Fluchterfahrungen und dem Verlust der familiären Anbindung.

Entwicklung des Konzepts

Ausgehend von der Annahme, dass viele der »umF« vor und während ihrer Flucht belastende und traumatische Dinge erlebt haben, stellten wir uns vor, eine niederschwellige Stabilisierungsgruppe anzubieten, die es den Jugendlichen ermöglicht zu verstehen, wie Menschen auf traumatische Erlebnisse reagieren. Das würde zu einer Stabilisierung der psychischen Situation beitragen und eigene Erlebnisse könnten bearbeitet werden. Besonderer Wert sollte dabei auf das Erkennen und Nutzen individueller Ressourcen und Stärken gelegt werden sowie auf Selbstwirksamkeitserfahrungen.

Auf der Suche nach bereits bestehenden Konzepten oder Interventionsmanualen mussten wir feststellen, dass es offenbar wenig publiziertes Material zur stabilisierenden Arbeit mit traumatisierten jugendlichen Flüchtlingen gibt. Daher lehnten wir uns für den psychoedukativen Teil an Konzepte für Stabilisierungsgruppen für Erwachsene mit Traumata und an Informationsmaterial für erwachsene traumatisierte Flüchtlinge an. Für die Bearbeitung der eigenen Erlebnisse griffen wir auf Material zurück, das eher für die Arbeit mit geflüchteten Kindern entwickelt wurde. Als Bestandteil der uns vertrauten Gruppenarbeit mit Jugendlichen flossen gruppendynamische Übungen und Entspannungstechniken ein.

So entstand zunächst ein Gerüst für zehn Sitzungen für eine Gruppe von Menschen, über deren tatsächlichen Bedarf wir bis zu diesem Zeitpunkt nur spekulieren konnten. Insofern waren wir darauf vorbereitet, Inhalte und Methoden konzeptionell im Prozess weiterentwickeln und anpassen zu müssen.

---

4 Wir verwenden bewusst nicht die Abkürzung „umA“, da diese für unbegleitet eingereiste Ausländer steht und somit nicht auf den Flüchtlingsstatus hinweist.

Gruppenzusammenstellung in Kooperation mit anderen Einrichtungen der Jugendhilfe

Abweichend vom Großteil unserer Klientinnen und Klienten, die sich auf verschiedenen Wegen über unser Angebot informieren und sich selbstständig in der Beratungsstelle anmelden, konnte der Zugang zu den jugendlichen Flüchtlingen nur über die sie betreuenden Jugendämter bzw. Jugendhilfeeinrichtungen erfolgen. Andere Möglichkeiten, die Zielgruppe über das Angebot zu informieren, wie Flyer o.ä. schlossen wir aus, da es in unserer Vorstellung ausführlichere und persönliche Erklärungen für die Jugendlichen darüber bedurfte, welche Möglichkeiten das Gruppenangebot bietet, um sie für die Teilnahme gewinnen zu können.

Wir informierten daher die drei in unserem Zuständigkeitsbereich tätigen Jugendämter über unser Ansinnen, eine Stabilisierungsgruppe zu starten und baten um Vermittlung von Jugendlichen, die infolge belastender und lebensbedrohlicher Ereignisse in ihrer Heimat und während der Flucht unter trauer- bzw. traumaspezifischen Symptomen leiden. Zumeist wurde mit den Fachkräften aus den Jugendämtern ein kurzes, anonymes Vorgespräch geführt, in dem geklärt wurde, ob eine Teilnahme für den jeweiligen Jugendlichen geeignet sein könnte und in dem auch erfragt wurde, welche Sprachen der Jugendliche spricht.

Um die einzelnen Teilnehmer kennenzulernen, sie über die Ziele und den Ablauf der Gruppe zu informieren und – besonders wichtig – von ihnen zu erfragen, ob sie teilnehmen möchten, führten wir Einzelgespräche mit dem jeweiligen Jugendlichen, einem vertrauten Dolmetscher und Bezugsbetreuer oder Vormund. Schon allein durch diese Vorgespräche entwickelte sich eine engere Zusammenarbeit mit Kolleg/innen der freien Jugendhilfeträger, als dies für gewöhnlich der Fall ist.

Von den Jugendämtern wurden uns insgesamt elf männliche Jugendliche benannt, von denen zehn aus Afghanistan und einer aus Syrien geflüchtet waren. Alle verfügten über nur geringe Deutschkenntnisse, so dass deutlich wurde, dass die Verständigung nur mit Dolmetscher würde stattfinden können und wir uns auf die Übersetzung in Dari/Persisch festlegen mussten, was somit leider den syrischen Jugendlichen ausschloss.

Die afghanischen Jugendlichen waren zum Großteil siebzehn Jahre alt. Ein Teilnehmer war dreizehn, ein weiterer Junge sechzehn. Zwei lebten zu Beginn der Gruppenarbeit noch in einer Erstaufnahmeeinrichtung für Erwachsene, konnten aber in eine stationäre Jugendhilfeeinrichtung wechseln. Ein Junge war bei seinem Onkel untergekommen, der schon länger in

Deutschland lebt. Dieser Onkel hatte einen Freund seines Neffen mit aufgenommen, bis dieser ebenfalls in einer stationären Jugendhilfeeinrichtung untergebracht werden konnte. Zwei Jugendliche lebten vor Beginn der Maßnahme bereits in Wohngruppen, vier weitere wurden ambulant in Wohngemeinschaften betreut.

Etwas mehr als die Hälfte der Jugendlichen hatte bereits einen Platz in einer internationalen Vorbereitungsklasse, einige warteten noch darauf, in die Schule gehen zu können. Alle Jugendlichen lebten erst seit wenigen Monaten in Deutschland und waren ohne ihre Angehörigen hierher geflüchtet.

In den Erstgesprächen erlebten wir alle Jugendlichen sehr ernst und eher verschlossen, zum Teil auch offensichtlich stark belastet. Obwohl wir uns bei einigen nicht ganz sicher waren, ob sie sich vorstellen konnten, wie die Gruppenarbeit ablaufen würde, nahmen neun von ihnen das Angebot an. Auch nach dem Kennenlernen konnten wir nur spekulieren, ob es möglich sein würde, nach unseren westlich orientierten Ansätzen mit den Jugendlichen zu arbeiten, so dass es auch für uns bis zum Start der eigentlichen Gruppenarbeit nicht einzuschätzen war, wie sich die Zusammenarbeit gestalten würde.

Innere Struktur der Gruppenstunden

Für die Gruppenstunden entwickelten wir eine wiederkehrende innere Struktur, die zum Ziel hatte, den Jugendlichen pro Einheit eine Orientierung zu geben und Woche für Woche wiedererkennbare Abläufe anzubieten.

Wir orientierten uns wesentlich an unserem internen Grundsatz, »Bewegen, Lernen, Entspannen!«, der sich für Gruppenangebote mit unterschiedlichsten Zielgruppen bewährt hat.

Jede Einheit startete mit einer Eingangs- bzw. Befindlichkeitsrunde, anschließend erfolgte ein kurzes gruppendynamisches Bewegungsspiel, dann die Bearbeitung eines Themas, gefolgt von einer kurzen Pause, einer Entspannungseinheit und einem Blitzlicht zum Abschluss.

Nach dem offiziellen Schluss der Sitzung boten wir jeweils Getränke und einen kleinen Imbiss an. Dieses Zeitfenster bot den geeigneten Raum für alle möglichen kleinen und großen Alltagsthemen. So wurde wiederkehrend darüber gesprochen, wie und wo das billigste Handy und die dazu passenden Prepaid-Karten zu erhalten seien, ein für die Sicherstellung des Kontaktes in die Heimat besonders wichtiges Thema. Für uns als Gruppenleitungen fanden in dieser (Imbiss-) Zeit fast alle Interaktion nonverbal statt. Gesten und Mimik, Lachen, Kopfschütteln oder gehobene Hände als Zeichen des Nichtwissens ersetzten Wörter und Sätze.

Inhaltliche Schwerpunkte

Thematisch ging es uns darum, den Jugendlichen die Möglichkeit zu geben,

- sich damit auseinanderzusetzen, welche Wurzeln sie haben und welche Ressourcen und Kompetenzen sie aus ihrem bisherigem Umfeld mitbringen
- zu benennen, wie sie die Unterschiede zwischen ihrem Leben in Afghanistan und Deutschland wahrnehmen
- einen Ort für die Erinnerung und Trauer zu schaffen für das, was die Jugendlichen verloren haben, und
- einen Blick in die Zukunft zu wagen und den Träumen und Hoffnungen einen Platz einzuräumen.

Neben diesen Aspekten der Auseinandersetzung mit der persönlichen Geschichte gab es psychoedukative Einheiten, die darauf abzielten, über die Entstehung eines Traumas, über Traumasymptome, Traumafolgestörungen und Selbsthilfestrategien zu informieren, die eigenen dazugehörigen Emotionen wahrzunehmen und selbstwirksame Steuerungsmöglichkeiten zu entdecken.

Da die Jugendlichen, bis auf zwei Ausnahmen, keine psychiatrische/psychotherapeutische Anbindung hatten und somit keinen weiteren Rahmen, um die eigene Geschichte professionell begleitet aufzuarbeiten, erschien es wichtig, die Arbeit so zu gestalten, dass die Teilnehmer selbst bestimmten, wie tief sie sich einlassen und an welchen Punkten sie sich schützen wollen. Zudem war uns auch bewusst, dass wir die verbalen Anteile so knapp wie möglich halten sollten, da die komplette Sitzung übersetzt werden musste.

Methoden

Uns war es wichtig, die Gruppensitzungen abwechslungsreich zu gestalten, um die Jugendlichen auf unterschiedlichen Sinneskanälen zu erreichen. Dazu gehörten unter anderem Körperarbeit und Bewegungsübungen, die sich in den Entspannungsübungen, aber auch in den gruppendynamischen Elementen wiederfanden. In den Entspannungseinheiten verwendeten wir wechselnd atemgelenkte Basisübungen aus dem Tai Chi sowie einen »Bodyscan« in Anlehnung an die Muskelrelaxation nach Jacobson. Beide Varianten wurden von den Jungen gut angenommen, einigen gefiel Tai Chi besser, anderen der »Bodyscan«. Sie empfanden übereinstimmend bei beiden Techniken eine schnelle Beruhigung von Atem, Herzschlag und Gedanken.

Als besondere gruppendynamische Übung setzten wir zu Beginn der zweiten Sitzung das »Vertrauensnetz« ein, bei dem ein Teilnehmer auf den zum Netz gespannten Armen der anderen Teilnehmer getragen wird. Diese Übung vermittelt nicht nur das Gefühl des Gehaltenseins und Getragenwerdens, sondern setzt voraus, den Mitgliedern der Gruppe überhaupt so weit zu vertrauen, sich in deren Arme fallen zu lassen. Bis auf einen Jugendlichen ließen sich alle Teilnehmer auf diese und ähnliche Übungen in den folgenden Stunden ein, was aus unserer Sicht zentral dazu beitrug, ein positives Gruppenklima entstehen zu lassen, das wiederum den Teilnehmern half, sich auch in Gesprächen anvertrauen zu können.

Einige Themen bearbeiteten wir mit Schwerpunkt auf der sprachlichen Vermittlung in der Muttersprache. Dies bot sich an, wenn es um die Vernetzung untereinander ging, zum Beispiel bei Partnerinterviews zu den persönlichen Stärken, bei denen die Teilnehmer sich besser kennenlernten und uns nur die Quintessenz auf Deutsch übersetzt wurde. Auch die Informationen zu Traumatisierung und deren Folgen wurden verbal vermittelt und durch eine Broschüre in persischer Sprache unterstützt.

Um nicht nur auf die Sprache angewiesen zu sein, versuchten wir, möglichst viele Stundeninhalte zu visualisieren. Beispielsweise hatten wir bei der Vorstellungsrunde eine große Karte von Afghanistan im Raum hängen, an der alle Beteiligten ihren Geburtsort zeigen konnten. Die Jugendlichen zeichneten außerdem ihre eigenen sozialen Netzwerkkarten, die ohne viel Übersetzung für sich sprachen. Zum Ausdruck von Befindlichkeiten, zum Beispiel in der Eingangsrunde, verwendeten wir Karten mit »Emoticons« oder auch Gesten wie »Daumen nach oben« oder »Daumen nach unten«, die sicherlich einen stark vereinfachten, aber in ihrer Tendenz doch sehr deutlichen Eindruck vermitteln.

Für das Thema Trauer, aber auch bei der Zukunftsperspektive, setzten wir Symbole ein. In der Bearbeitung der Trauer ging es darum, die positive Erinnerung an eine geliebte Person oder einen Ort zu verankern und mit einem passenden Symbol zu verbinden. Hierzu konnten die Jugendlichen aus einem großen Fundus an kleinen Gegenständen auswählen (unterschiedliche Steine, Figürchen, Münzen, Spielkarten, Muscheln usw.). Aus unserer Sicht eignet sich der Einsatz von Symbolen in der Verankerung schöner Erinnerungen besonders gut, da diese unausgesprochen und somit unabhängig von der jeweiligen Sprache vom einzelnen codiert werden können. In einer späteren Sitzung erarbeiteten die Teilnehmer ihre Vorstellung der Zukunft über ihre »Time-Line« der nächsten fünf Jahre, wobei ebenfalls viele Inhalte über Symbole transportiert werden konnten.

Zentrale Erfahrungen

Wir wussten nicht, inwieweit sich die Jugendlichen auf eine Mitarbeit einlassen würden. In unserer Vorstellung werden persönliche Angelegenheiten, Probleme oder Gefühle in diesem Kulturkreis eher innerhalb der Familie besprochen und nicht mit Außenstehenden oder gar in einem professionellen Hilfekontext. Diese Vorannahme wurde auch durch die Erstgespräche gestützt, in denen die Jungen recht verschlossen wirkten. Nicht zuletzt ist es oft schwierig genug, europäisch sozialisierte Jugendliche zur Zusammenarbeit zu gewinnen. Um zu verhindern, dass die Jungen Sorge bezüglich einer Veröffentlichung ihrer Aussagen gegenüber Behörden haben, erklärten wir sehr deutlich, dass wir unter Schweigepflicht stehen und eine Teilnahme freiwillig ist. Daher waren wir überrascht, dass die Teilnehmer schon in der ersten Sitzung über ihre Einsamkeit und ihr Heimweh sprachen sowie über ihre Angst um die Angehörigen, die in Afghanistan zurückgeblieben sind; dass diese Gefühle sie besonders nachts belasten würden, während sie tagsüber durchaus Freude am Zusammensein mit Freunden empfinden könnten.

Uns fiel weiterhin auf, dass die Jungen sich untereinander, aber auch gegenüber uns – unabhängig vom Geschlecht – mit großem Respekt und Höflichkeit begegneten und sich auf alle Themen und Übungen motiviert einließen. Es wurde nach wenigen Stunden deutlich, dass die Gruppe zusammenwächst und sich Bekanntschaften entwickeln, dass die Stimmung der Jugendlichen in den Gruppenstunden meist gelöster war als in den Erstgesprächen. Dennoch blieb die Ernsthaftigkeit des miteinander Arbeitens erhalten.

In der Gestaltung der Arbeit mit eher »schweren Themen«, wie etwa der Trauer um Verstorbene, standen wir vor dem Spagat, einerseits anzubieten, sich mit dem Verlust auseinanderzusetzen, andererseits aber keine weitergehende Stabilisierung z.B. im Einzelsetting anbieten zu können und zu wissen, dass die Jugendlichen unterschiedlich intensiv betreut werden. Daher wählten wir unser Vorgehen so, dass die Teilnehmer stets selbst entscheiden konnten, wie weit sie sich auf das Thema einlassen wollten, und vertrauten darauf, dass sie selbst ein gutes Gespür dafür haben, was sie sich zumuten können. Beispielsweise wählte ein Junge, dessen Eltern in ungewisser Situation in Afghanistan geblieben sind, als schöne Erinnerung an etwas Verlorenes das Auto des früheren Nachbarn, mit dem er als

Kind einmal fahren durfte. Wir interpretierten dies so, dass eine Erinnerung an die Eltern möglicherweise im Augenblick zu schmerzlich war und er einen etwas weniger großen Verlust wählte, auf den er zu diesem Zeitpunkt schauen konnte und wollte.

Aus unserer Sicht kommt der Person des Dolmetschers eine große Bedeutung zu. Zunächst ist es wichtig, dass der/die Dolmetscher/in möglichst sinnentsprechend genau und zeitnah übersetzt. Dies bedeutet, nach wenigen Sätzen Übersetzungspausen zu machen und sich über den Dolmetscher zu verständigen, ob das Übersetzte von den Teilnehmern verstanden wird und umgekehrt. Anders als sonst im Beratungssetting üblich, sprachen in der Gruppe alle bis auf uns als Gruppenleiter Dari bzw. Paschtu, so dass es für uns immens wichtig war, auch die Gespräche, die zwischen den Jugendlichen stattfanden, übersetzt zu bekommen, denn eigentlich waren wir sprachlich gesehen die »Außenseiter«. Schon allein, um mit der rein sprachlichen Übersetzung oft emotionaler Inhalte gut arbeiten zu können, spielt die Chemie zwischen Dolmetscher/in und uns als Referenten eine große Rolle ebenso wie das Vertrauen in den Dolmetscher, die Inhalte unverändert in beide Richtungen zu transportieren. Glücklicherweise konnten wir einen Studenten mit afghanischen Wurzeln gewinnen, der nicht nur in der Lage war zu übersetzen, sondern auch kulturelle und landestypische Gegebenheiten vermitteln konnte. Für die Jungen war er auch ein wichtiger Ansprechpartner in Alltagsfragen. Nicht zuletzt bot der Dolmetscher ein Vorbild eines jungen Mannes, der in Afghanistan geboren und nach Deutschland ausgewandert ist, hier mit seiner Familie Fuß gefasst hat und Teil dieser Gesellschaft geworden ist.

Das Thema, auf das die Teilnehmer mit Abstand am lebhaftesten reagierten, war tatsächlich der Blick in die Zukunft. Auch wenn die Mitarbeit immer engagiert war, waren die Jugendlichen in der Sitzung, in der es um ihre Wünsche und Träume für die Zukunft ging, hoch motiviert bei der Sache, ihre Zukunfts-Time-Line zu gestalten und darüber in den Austausch zu kommen. Uns wurde daran deutlich, wie sehr die positive Zukunftsorientierung der Jungen zentraler Antreiber ist, und welche Kraft darin steckt, damit zu arbeiten. Noch verständlicher wird dies vor dem Hintergrund der wenigen positiven Erinnerungen, die die Teilnehmer mit Afghanistan verbinden. Sie beschreiben, als Person keinerlei Wertigkeit besessen zu haben, ebenso keine Wahlmöglichkeit, das eigene Leben entsprechend ihrer Neigungen gestalten zu können. Ein Jugendlicher erzählte, er habe seit Kindesalter zum Familieneinkommen beitragen müssen und sich wie ein Roboter gefühlt. Diese Erfahrung konnten fast alle Gruppenmitglieder bestätigen. Insofern liegt die zentrale Hoffnung der Jugendlichen darin, in

Deutschland einen Bildungsabschluss zu erwerben, einen Beruf wählen zu können und das eigene Leben möglichst autonom gestalten zu können. Spätestens in dieser Einheit wurde uns verständlich, warum die Teilnehmer als Gruppennamen »Azaadi«, das persische Wort für Freiheit, gewählt hatten.

Bei der Abfrage, welche besonderen Stärken die Jugendlichen ihrer Meinung nach für ihre Zukunft mitbringen, stießen wir auf (sprachlich wohl schwer zu übersetzende) Konzepte von »Vernunft«, »normal bleiben«, »beherrscht und diszipliniert bleiben« bis hin zu »gute Kontakte pflegen«. Im Kern schienen die Jugendlichen damit eine gewisse Form von menschlicher Reife und Erwachsensein zu meinen, die sie durchaus als Ressource für die eigene Zukunft sehen können und wollen. Diese Selbstbeschreibung der Jugendlichen befindet sich im Übrigen absolut im Einklang mit unserer Wahrnehmung der Teilnehmer.

Nicht zuletzt waren alle Jungen sehr daran interessiert, Sport zu treiben, wobei neben Fußball auch Kricket gespielt wurde. Zum Teil war die Zugehörigkeit zu einem Fußballverein schon geregelt, bevor die Zuweisung an eine Schule erfolgt war. Neben dem Spaß am Sport und der Gemeinschaft war den Jugendlichen die heilsame Wirkung beim Stressabbau durchaus bewusst. Die jüngeren Teilnehmer benannten den Traum, Profisportler zu werden, sehr konkret als gewünschte Tätigkeit für die Zukunft.

Mit Beginn der Sommerferien schoben wir dann auch eine belohnende Einheit auf dem Bolzplatz ein, mit Wasser und Snacks für die Halbzeitpause. Hier war nochmals deutlich zu erkennen, wie respektvoll, fair und zugewandt der Umgang aller Beteiligten miteinander war.

Vorläufiges Fazit

Unserer Beobachtung nach profitiert ein Großteil der Jugendlichen von der Gruppenarbeit. Die beiden Teilnehmer, die vor Beginn einen besonders stark belasteten Eindruck machten, kamen nach den ersten Sitzungen allerdings nicht mehr in die Gruppe. Seitens der Betreuer wurde uns mitgeteilt, dass es ihnen psychisch derzeit so schlecht gehe, dass auch der Schulbesuch schwierig sei. Man könnte die Hypothese aufstellen, dass die stabilisierende Gruppenarbeit für Jugendliche mit schwerwiegenden Erlebnissen geeignet ist, für akut von starken Traumafolgestörungen belasteten Menschen jedoch keine geeignete bzw. keine ausreichende Maßnahme darstellt.

Es ist davon auszugehen, dass bei diesem Pilotprojekt einige begünstigende Faktoren Einfluss genommen haben. So können wir nicht automatisch annehmen, dass sich in einem weiteren Durchgang wieder eine so aufgeschlossene und arbeitswillige Gruppe findet. Weiterhin wurden wir in keiner Weise mit Konflikten der Teilnehmenden untereinander oder etwa mit Verweigerungshaltung konfrontiert. Uns ist bewusst, dass sich dies auch durchaus anders hätte gestalten können.

Letztendlich braucht es auch schwierige Erfahrungen und kleinere Krisen, um ein stimmiges und komplettes Angebot entwickeln zu können. Aktuell beschäftigen wir uns mit der Frage, wie wir den bereits angemeldeten Bedarf nach einer weiteren Gruppe beantworten können.

Auf die Frage, ob es sich bei den Erziehungs- und Familienberatungsstellen um die geeignete Institution für ein solches Angebot handelt, wird es sicherlich geteilte Meinungen geben. Aufgrund der hohen Fachlichkeit in der Arbeit mit Jugendlichen und jungen Erwachsenen sowie vor dem Hintergrund zahlreicher stattgefundener Gruppentrainings für Kinder und Jugendliche sind die Beratungsstellen aber sicherlich ein guter Ort für diese Art der Stabilsierungsarbeit, vorausgesetzt, die entsprechenden zeitlichen und finanziellen Ressourcen werden im nötigen Rahmen zur Verfügung gestellt. Schließlich wird sich das Angebot der Beratungsstellen mittel- und langfristig den Anforderungen einer sich verändernden Bevölkerungszusammensetzung stellen müssen.

Literatur

Beudels, Wolfgang; Anders, Wolfgang (2001): Wo rohe Kräfte sinnvoll walten. Dortmund: borgmann publishing.

Jacobson, Edmund (1990): Entspannung als Therapie. Progressive Relaxation in Theorie und Praxis. Stuttgart.

Möhlen, Heike (2005): Ein psychosoziales Interventionsprogramm für traumatisierte Flüchtlingskinder. Gießen: Psychosozial.

NAWA: Informationen und Übungen für traumatisierte Menschen. Hrsg.: Psychosoziales Zentrum für Flüchtlinge Düsseldorf. Konzeption, Redaktion und Umsetzung: Cinur Ghaderi.

Nemetschek, Peter (2006): Systemische Familientherapie mit Kindern, Jugendlichen und Eltern, Lebensfluss-Modelle und analoge Methoden: Stuttgart: Klett-Cotta.

Schlippe, Arist von; Mohammed El Hachimi; Gesa Jürgens (2004): Multikulturelle systemische Praxis. Heidelberg: Carl Auer.

Schlippe, Arist von; Jochen Schweitzer (2012): Lehrbuch der systemischen Therapie und Beratung. Göttingen: Vandenhoeck und Ruprecht.

Christine Utecht

Sandspieltherapie für Flüchtlingskinder mit traumatischen Erfahrungen

Kinder, die aus den Krisengebieten der Welt zu uns geflüchtet sind, bringen oft unverarbeitete, hoch belastende Erinnerungen mit. Viele von ihnen waren extremen Traumatisierungen durch kollektive Katastrophen wie (Bürger-) Kriege, Terrorherrschaft (IS, Boko Haram), ethnischer Gewalt und Vertreibungen ausgesetzt oder haben über Jahre unter den Folgen großer materieller Not, von Hunger, fehlender Bildung und gesundheitlicher Unterversorgung gelitten. Kommen dazu noch extreme Erlebnisse auf der Flucht, die sich für manche Familien als Odyssee über Monate oder Jahre hingezogen hat, so kann dies zu einer zweiten Phase der Traumatisierung führen. Die Ankunft in Deutschland, das Leben in überfüllten Flüchtlingsunterkünften ohne Privatsphäre und der enorme Druck der existenziellen Ungewissheit über den zukünftigen Status der Familie bedeuten für einige Kinder eine dritte Phase der Traumatisierung. In besonderem Maße betroffen sind die Kinder und Jugendlichen, die sich allein auf die schwierige Flucht begeben haben, Verwandten mitgegeben wurden oder ihre Eltern in den Wirren verloren haben.

Manche Kinder haben direkt oder indirekt miterlebt, dass auch ihre Eltern Opfer von unkalkulierbaren existenziellen Katastrophen oder menschlicher Gewalt geworden sind. Dies hat neben den direkten Folgen für sie selbst auch unmittelbare Auswirkungen auf die Eltern-Kind-Beziehung. Traumatisierte Eltern können ihren Kindern in der Regel nur eingeschränkt emotionale Präsenz, Feinfühligkeit für die kindlichen Bedürfnisse, Empathie und Konsistenz im Verhalten entgegenbringen. Zur Bewältigung ihres traumatischen Erlebens sind die Kinder eigentlich besonders auf elterliche Fürsorge, Stabilität und Berechenbarkeit angewiesen, doch nicht alle Eltern mit Traumfolgen können ihre Kinder in diesem Sinn unterstützen. So bleiben Kinder nicht selten mit ihren Belastungen allein und ziehen sich zurück, weil ihr Leid zu wenig wahrgenommen wird.

Kinder, deren Eltern unter Posttraumatischen Belastungsstörungen leiden, erfassen oft unbewusst das Erlittene und reagieren darauf. Dies kann sich in verschiedenen Formen kindlicher Fürsorge äußern, wie Schonen, Schützen oder Entlasten der Eltern. Manche Kinder fühlen sich für das Wohlergehen der ganzen Familie verantwortlich. Familien ohne Aussicht auf Anerkennung als Asylsuchende müssen zudem mit ihrer Abschiebung rechnen. Kinder bekommen manchmal direkt mit, wie befreundete Familien frühmorgens von der Polizei geweckt und abtransportiert werden. Mit diesen enormen, komplexen Belastungen kommen Flüchtlingskinder aktuell in der Erziehungsberatung an.

Eine große Herausforderung liegt in der Sprache, da in den Krisengebieten der Welt besonders Minderheiten verfolgt werden, die wiederum spezifische Dialekte sprechen, wie z.B.: Christen und Jesiden aus dem Nordirak. Aus diesem Grund sind wir als Beratungsstelle vernetzt mit der Flüchtlingshilfe, der Psychiatrie und den Kliniken, die ebenfalls auf gute Dolmetscher angewiesen sind. In der Regel ist im Erstgespräch ein/e Dolmetscher/in notwendig. Mit seiner/ihrer Hilfe besprechen wir zunächst mit den Eltern, welche Belastungen und Symptome sie bei ihrem Kind beobachten, was ihnen Sorgen macht, was das Kind besonders gut kann und worauf sie bei ihrem Kind stolz sind. Da viele der Geflüchteten aus kollektivistischen Familienstrukturen stammen, ist es uns wichtig zu erfahren, wer aus der Familie mitgekommen ist, welche Personen einen stabilisierenden Einfluss auf die Kinder haben und welche Menschen aus dem familiären Umfeld noch vermisst werden oder aktuell in akuter Gefahr sind. Wenn möglich, werden die Eltern nach ihren Erklärungen befragt, warum es dem Kind zurzeit nicht gut geht. In manchen Fällen ist es möglich, dass konkrete Vorfälle in der Vergangenheit geschildert werden, die möglicherweise Ursache für die Symptome sein könnten.

So wurde beispielsweise ein zehnjähriger Junge aus dem Kaukasusgebiet von der Flüchtlingsbetreuerin an uns vermittelt, weil er in den letzten Monaten seit seiner Ankunft in Deutschland immer stiller und depressiver wurde. Er wirke wie »leer«, »lache nicht mehr« und »rede kaum noch«, obwohl er eigentlich ein »lebendiger Junge« sei. Die Eltern erklärten sein Verhalten im Erstgespräch damit, dass er in seinem Herkunftsland mehrfach miterleben musste, wie sein Vater vor seinen Augen von gewaltsam eindringenden Männern aus dem Haus der Familie verschleppt wurde und nach Tagen der Ungewissheit sichtbar misshandelt zurückkam. Aufgrund der massiven Androhung, den Vater zu erschießen, und der realen Ermordung eines Familienangehörigen floh die Familie in großer Angst und begab sich auf eine monatelange Odyssee durch Europa. Die Eltern verstanden das Verhalten ihres Sohnes so, dass ihn diese verstörenden Erlebnisse extrem verunsichert hatten, er sich aus Angst in sich zurückzog und nach außen abkapselte. Sie ergänzten dazu, dass er, sobald es donnert oder laute Knall-Geräusche gibt, Angst bekommt, dass jemand schießt und der Vater dabei stirbt. Sie waren in großer Sorge, weil er immer stiller und trauriger wurde und auch in der Schule kein Wort sprach, somit auch kaum Deutsch lernen konnte. Für die Beraterin ergaben sich daraus gute Anknüpfungspunkte an die Sorgen der Eltern und sie konnte mit ihnen die Angebote der Beratungsstelle besprechen. Die Sozialberaterin von der Flüchtlingsbetreuung war bereit, dafür zu sorgen, dass der Junge jede Woche zur Therapie gebracht wurde, und die Eltern erklärten sich bereit, in regelmäßigen Abständen zu Elterngesprächen mit Dolmetscher mitzukommen.

In diesem Fall war der Junge also nicht nur durch die große Angst und den Schock belastet, den das gewaltsame Eindringen in seine familiäre Welt ausgelöst hatte. Vielmehr litt er gleichermaßen mit seinem Vater, der vor seinen Augen brutal abgeführt wurde und der Übermacht schutzlos ausgeliefert war. Die Misshandlungen waren dem Vater anzusehen, so dass der Junge schutzlos mit der unaussprechlichen Grausamkeit konfrontiert wurde. Für diesen Jungen war die Sandspieltherapie sehr gut geeignet. Das Gestalten der Sandbilder im geschützten Rahmen ermöglichte es ihm, Dinge sichtbar zu machen, auszudrücken und zu begreifen, die er sprachlich (noch) nicht mitteilen konnte. Im Sandspielprozess ist ihm die Bewältigung seiner Ängste, die Integration der eigenen und der übermittelten Trauma-Erfahrungen des Vaters, eine Neuorientierung und sein Heilungsprozess gelungen.

Die Methode

Bei der Sandspieltherapie handelt sich um eine Methode mit hohen nonverbalen Anteilen, die den Zugang zu präverbalen Erfahrungen eröffnet und daher besonders für die Arbeit mit Flüchtlingskindern geeignet ist. Die therapeutische Methode des Sandspiels wurde von der Schweizerin Dora M. Kalff begründet und beruht auf der analytischen Psychologie C. G. Jungs. In einem tischhohen mit Sand gefüllten Kasten, der in etwa die Innenmaße 57 x 72 x 7 cm haben sollte, wird mit trockenem oder feuchtem Sand ein »Bild« gestaltet. Das besondere Medium des Sandes stimuliert durch seine taktilen Reize einen direkten Kontakt zum Unbewussten. So können unbewusste Elemente, die noch keinen Zugang zu Form, Bildern oder Sprache haben, dreidimensional ausgedrückt werden. In den geformten Sand können zusätzlich Miniaturfiguren wie Tiere, Menschen, Märchenfiguren, Fabelwesen, Bäume, Häuser und Pflanzen, sowie Naturmaterialien, wie Steine, Rinde, Muscheln, Schneckenhäuser, eingebaut werden. Die Ausstattung sollte kultursensibel zusammengestellt sein und z.B. Menschen mit verschiedenen Hautfarben sowie Tiere und Pflanzen aus aller Welt zur Verfügung stellen.

»Die Sandspieltherapie ermöglicht einen unmittelbaren, intensiven Ausdruck, sowohl von realem Erleben, wie auch Unbewusstem. Dieser Ausdruck ist oft tiefer und erfolgt schneller als in traditionellen Therapien, da nicht nur persönliches Erleben, sondern auch archetypisch unbewusste Ebenen angesprochen werden« (Gontard, 2007, S. 64).

Die Sandspieltherapie ist auch deshalb sehr gut geeignet für die therapeutische Arbeit mit Flüchtlingskindern, weil sie ein sehr ressourcenorientiertes Verfahren ist, bei dem Kinder sich spielerisch ausdrücken und ihre Kreativität unmittelbar erleben können. Es sind keine besonderen Fertigkeiten erforderlich, und die Kinder erleben sich bereits nach kurzer Zeit als wirkungsvoll Gestaltende. Sie können durch die Sandbilder ihre innere Welt externalisieren, selbst wenn zunächst noch die Worte fehlen. Im Gestaltungsprozess projizieren sie ihre eigenen Themen, Gefühle und Bedürfnisse und finden zu ihren eigenen Bewältigungsstrategien bezüglich ihrer Symptomatik. Eine typische Therapiesitzung hat in der Regel 4 Phasen:

1. Die Einstiegsphase mit Anknüpfung an das aktuelle Alltagsgeschehen, wichtige Ereignisse und das emotionale Erleben des Kindes.
2. Die Bauphase, die von der Therapeutin zugewandt, interessiert mit innerer Präsenz aber möglichst ohne Worte begleitet wird. Das Kind soll mit seiner Konzentration und Achtsamkeit ganz in seinem inneren Erleben und im kreativen Prozess bleiben.
3. Nach Abschluss erfolgt die therapeutische Kommunikation. Beim gemeinsamen Betrachten des Bildes erläutert das Kind das Dargestellte. Die Therapeutin und das Kind bemühen sich darum, das vom Kind Dargestellte in den vom Kind verbalisierten Dimensionen und Aspekten zu verstehen. Dabei bleiben beide beim Geschehen im Sandkasten. Nur das Kind selbst kann, wenn es dazu bereit ist, eine Verbindung zu seinen eigenen Themen und inneren Prozessen ansprechen.
4. Fotografieren des Bildes und Beendigung der Therapiesitzung.

Je nach sprachlicher Kompetenz ist es möglich, mit den Kindern das Dargestellte zu reflektieren. Wenn dies fast gar nicht möglich ist, so hat schon die aufmerksame, interessierte und empathische Begleitung der Therapeutin eine große Wirkung auf die Kinder. Es entsteht ein Moment des Innehaltens in der überfordernden Situation des Alltags, in dem das Kind in einer sehr geschützten Situation die ungeteilte Aufmerksamkeit eines zugewandten Erwachsenen erleben kann. Vielen Kindern fehlt es an einem narrativen Gegenüber für die vielen oft chaotischen Eindrücke und extremen Erfahrungen, die sie mit sich tragen. Sie möchten ihre Geschichte ausdrücken, mit anderen teilen, doch weder in der neuen Umgebung noch in der Schule ist dies möglich. So kann allein die Tatsache, dass das im Sand

Dargestellte von jemand gesehen und im Ansatz verstanden wird, schon eine große Entlastung und ein Mitteilen bedeuten. In der Regel lernen die Kinder sehr schnell Deutsch, so dass schon nach wenigen Monaten zunehmend ein sprachlicher Austausch möglich wird.

Unterstützung von Kindern mit traumatischen Erfahrungen

Der geschützte Rahmen der Sandspieltherapie ermöglicht es den Kindern, immer genau so weit zu gehen, wie sie selbst das Dargestellte verkraften können. Der Sandkasten fokussiert den therapeutischen Prozess räumlich und wirkt als Distanzierungstechnik. Das Kind kann sich annähern und entfernen, den Sandkasten umrunden, das Geschehen im Sandkasten von außen betrachten und am Ende der Stunde im Therapiezimmer zurücklassen. Der äußere Rahmen des Sandkastens sorgt für eine klare Begrenzung. Mit dieser haltenden Funktion unterstützt die Methode Kinder dabei, auch schwierige Gefühle zuzulassen, und schützt sie gleichzeitig vor Affektüberflutung. Die Kinder bestimmen frei, was sie gestalten möchten, und gewinnen so die Kontrolle über ihr emotionales Erleben schrittweise zurück. Beim Bauen mit dem Sand erproben sie spielerisch ihre Kreativität, entdecken neue Potenziale und haben ein unmittelbares Erfolgserlebnis. Das hilft ihnen, ihre innere Erstarrung zu lösen und Selbstwirksamkeit zu erfahren. Sie bestimmen selbst, ob sie mit ihren Darstellungen zunächst eher an der Oberfläche bleiben wollen, und können sich mit jedem Bild weiter vortasten. Dabei wechseln sich oft Phasen von direkter Konfrontation mit dem traumatischen Erleben mit Phasen der Stabilisierung ab. Manchmal geschieht das auch innerhalb eines Bildes. Der Aufbau eines sicheren Ortes wird dabei oft spontan in den kreativen Prozess eingebettet.

Der Junge aus dem Kaukasus hat kurz nach Beginn der Therapie das abgebildete Sandbild gebaut. Er zeigt darin unter anderem den Beginn seiner Flucht, den Abschied aus seiner Heimat, zu der er trotz der erlebten Grausamkeiten viel Heimweh hat, zumal seine Großeltern dort noch leben. Im Bild macht sich eine männliche Figur auf den Weg über die Brücke in eine ihm noch unbekannte Welt (dargestellt durch einen dichten Wald). Seine geliebte Oma wird zurückgelassen und schaut ihm nach (sitzend auf einer Bank rechts oben im Bild). Auch der Grund der Reise ist bereits angedeutet rechts unten im Bild, indem ein König mit seiner Schatztruhe vor seinem Haus steht und von einer blauen Figur bedroht wird (siehe übernächste Seite, Abb. 1).

Viele weitere Bilder einer Reise folgen, vorbei an Wäldern oder durch Waldgebiete hindurch. Brücken wurden gebaut, welche zunehmend einen Übergang darstellten in eine bewohnte Welt mit Häusern.

Beim Gestalten der Sandbilder finden die Kinder Raum und Zeit zum inneren Verarbeiten der Schrecken von Terror, Übergriffen, Krieg und der oft sehr dramatischen Fluchtgeschichte. Während sie bauen, agieren sie das Erlebte in Rollenspielen aus. Häufig sind viele Wiederholungen des gleichen Themas notwendig, bis sich die traumatische Erstarrung lösen kann. Durch die schrittweise Integration der traumatischen Erfahrungen kann diese kindgemäß bewältigt werden (siehe Abb. 2).

Die therapeutische Begleitung des kaukasischen Jungen hat etwas mehr als sieben Monate gedauert. In dieser Zeit hat er viele Sandbilder gebaut, aber auch in konkreten Rollenspielsituationen unzählige Male das Eindringen der Männer in das Haus wieder inszeniert. Er war dabei der Aggressor und die Beraterin wurde von ihm überwältigt, bis sich das Spiel allmählich wandelte. Die Sandbilder veränderten sich. Die Überwältigung des Traumas kam zum Vorschein und zeigte sich in Bildern des Chaos' und der Verwüstung. Das dargestellte Bild ist das Ende eines szenischen Prozesses, den der Junge im Sand darstellte. Ein zunächst idyllisches Bild mit Palmen, einer spielenden Gorillafamilie, einer Hütte mit Schatztruhe wurde zerstört. Ein Dinosaurier drang plötzlich in diese Welt ein und tötete den Gorilla-Vater. Die restliche Familie liegt im Hintergrund am Boden. In der Mitte des Bildes sitzt einsam ein Kleinkind (siehe Abb. 3)

Nach und nach konnte der Junge das stereotype Inszenieren loslassen und wollte nun auch andere Spiele mit der Beraterin spielen. Er begann immer mehr zu sprechen und es zeigte sich, dass er sich schon sehr viele deutsche Worte gemerkt hatte. Gegen Ende der Behandlung begann er während eines Spiels, laut und gelöst zu lachen, damit war der Bann gebrochen. Er nahm auch in der Schule wieder Kontakt mit den anderen Kindern auf, fing an mit ihnen zu reden und zu spielen. Er wurde insgesamt sehr gut von seiner Familie unterstützt, die mehrmals zu Gesprächen mit Dolmetscher in die Beratungsstelle kam.

Die Sandspielprozesse werden bei uns, wenn möglich, intensiv von Elternberatungen mit Dolmetscher/in begleitet. Auch die Eltern brauchen oft Unterstützung, insbesondere wenn sie unter posttraumatischen Belastungen leiden. Wenn nötig, vermitteln wir die Eltern zu Refugio (einem Verein zur Beratung von traumatisierten Flüchtlingen) oder zu niedergelassenen Therapeuten, damit sie ebenfalls adäquate Hilfe erhalten.

Sandspieltherapie fördert Selbstheilungsprozesse

Ein zwölfjähriges Mädchen aus Äthiopien hat im Sandbild die Familie zu einem Kreis gruppiert und dann einen großen Stein in die Mitte gelegt. Jeder steht für sich allein und blickt nach außen in die Ferne in eine andere Richtung. Sich selbst hat sie sogar noch etwas außerhalb des Familienkreises gestellt. Deutlich wird ihre Not und, wie allein sie sich fühlt. Der dicke Stein könnte die enormen Belastungen symbolisieren, mit denen die Familie zu kämpfen hat, aber auch die unbewältigten Gefühle und Erinnerungen, die sie aus der alten Heimat mitgebracht haben. In diesem Bild gibt es keine nährenden Aspekte, kein Wasser, keine Pflanzen – es wächst nichts. Die Szene wirkt erstarrt. Aus der Sicht des Mädchens gibt es keine Verbindungen zwischen den einzelnen Familienmitgliedern, keiner wendet sich ihr zu und sie wendet sich ebenfalls ab. Niemand kann auf den großen Stein schauen und dafür sorgen, dass er ins Rollen und damit in die Versteinerung wieder Bewegung kommt (siehe Abb. 4).

Kinder können sich in ihren Bildern aber auch eine gute Versorgung, Schutz, Helfer oder Retter, Kraftquellen und sichere Orte schaffen. Dadurch wird die sukzessive Rückgewinnung ihrer Affektregulierung angeregt. Das Sichtbarmachen und Begreifen nicht bewältigter innerer Konflikte im geschützten Rahmen regt die Entwicklung von neuen Lösungsstrategien an. Eigene lösungsorientierte Vorgehensweisen bezüglich ihrer Symptomatik wie z.B der Überwindung ihrer Angst werden symbolisch inszeniert und in verschiedenen Varianten erprobt. Chaotische Gefühlslagen können im Sandspielprozess neu geordnet werden, so dass (Neu-)Orientierung möglich wird.

Das äthiopische Mädchen hat später im therapeutischen Prozess ein heilendes Ressourcenbild für sich gebaut und daraus Ruhe, Kraft und Zufriedenheit geschöpft. Sie hat sich eine kleine Insel geschaffen mit einem nährenden Apfelbaum, friedlichen Tieren, einer Höhle zum Verstecken und einer Muschel, in die sie sich ganz verkriechen kann, wenn sie es braucht. Dieser kleine Schritt der Selbstfürsorge hilft ihr, mit ihrer Einsamkeit zurechtzukommen. Mit dem kleinen Boot kann sie die Insel jederzeit wieder verlassen, es ermöglicht ihr ein Weiterkommen, wenn sie dazu bereit ist. Neben der Zuflucht taucht also auch zaghaft ein Aspekt von Entwicklung auf (siehe Abb. 5).

Manche Kinder stabilisieren sich, indem sie einfach schöne Bilder gestalten, indem bunte Murmeln wie in einem Mandala angeordnet sind. Die Murmel in der Mitte des Bildes weist darauf hin, dass das Kind sich während des Bauens zentriert hat. Es ruht für den Moment, in dem das Bild

Abb. 1

Abb. 2

Abb. 3

Abb. 4

Abb. 5

Abb. 6

entsteht, in sich selbst und findet in die Balance. Das Kind nimmt das Bild wiederum in sich auf und trägt es als Ressource in sich. Für die Kinder ist es eine schöne Bestätigung, wenn sie ein solches Bild als Farbdruck mitnehmen können. So wird das positive Erleben verankert und sie können später darauf zurückgreifen. Oft entstehen diese Art von Ressourcenbildern zur Stabilisierung nach Bildern, in denen die Kinder sich mit ihren belastenden Gefühlen befasst haben (siehe Abb. 6).

In der Erziehungsberatung sind uns Grenzen gesetzt, wenn die geflüchteten Familien schwer traumatisiert sind. Dann benötigen Kinder und Elternteile intensive therapeutische Hilfen. Doch nicht alle Kinder, die Schreckliches erlebt haben, sind traumatisiert. Wenn genügend Schutzfaktoren vor, während oder nach den auslösenden Ereignissen zur Verfügung standen, sind Kinder zwar hoch belastet, haben aber eine günstige Prognose. Diesen Kindern, bei denen sich die traumatischen Erfahrungen noch nicht verfestigt haben, können wir sehr effektiv mit spieltherapeutischen Methoden in überschaubarer Zeit helfen. Es ist ein sehr lohnenswertes Ziel, diesen Kindern und Jugendlichen den Zugang zur Erziehungsberatung zu erleichtern und Angebote für sie passend weiterzuentwickeln.

Literatur

Ammann, Ruth (2001): Das Sandspiel – Der schöpferische Weg der Persönlichkeitsentwicklung, Düsseldorf und Zürich: Walter Verlag.

Kalff, Dora M.(1979): Das Sandspiel – Seine Therapeutische Wirkung auf die Psyche, Erlenbach – Zürich: Eugen Rentsch Verlag.

Kalff, Martin (1996): Zwanzig Punkte zur Interpretation des Sandspiels. In: Zeitschrift für Sandspieltherapie, Mai.

Kiepenheuer, Kaspar (1996): Über das Stottern. In: Zeitschrift für Sandspieltherapie, Heft 5, Juni.

Nims, D. R. (2007): Integrating play therapy techniques into solutionfocused brief therapy. In: International Journal of Play Therapy; 16 (1), 54–68.

Radebold, H. (2009): Kriegsbedingte Kindheit und Jugendzeit. In: Transgenerationale Weitergabe kriegsbelasteter Kindheiten, Weinheim und München: Juventa Verlag, 2. Auflage.

Retzlaff, Rüdiger (2008): Spiel-Räume, Lehrbuch der systemischen Therapie mit Kindern und Jugendlichen Stuttgart: Klett-Cotta.

Seidler, Ch.: Lange Schatten – Die Kinder der Kriegskinder kommen in die Psychoanalyse; in Radebold, H. (Hrsg.) Schwerpunktheft Kindheit im II. Weltkrieg und ihre Folgen, psychosozial 26: S. 73 – 83

Utecht, C. (2014): Spuren im Sand – Transgenerationale Traumabehandlung im Sandspiel. In: Krist. M. u. a. (Hrsg.): Herausforderung Trauma, Weinheim und Basel: Beltz Juventa, S.181 bis S. 207.

Von Gontard, A. (2007): Theorie und Praxis der Sandspieltherapie – Ein Handbuch aus kinderpsychiatrischer und analytischer Sicht, Stuttgart: Kohlhammer Verlag.

Regine Reisinger,
Andreas Mattenschlager

Kinderpsychodrama mit Flüchtlingskindern

Im März 2015 startete an der Psychologischen Familien- und Lebensberatung der Caritas Ulm ein Therapieprojekt für traumatisierte Flüchtlingskinder. Dieses Projekt wurde anfänglich vor allem mit Mitteln des Zweckerfüllungsfonds Flüchtlingshilfe der katholischen Diözese Rottenburg-Stuttgart finanziert und ist zwischenzeitlich durch Spendengelder und zuletzt durch Bundesmittel auf zwei Personalstellen angewachsen.

Ein Grundproblem in der Arbeit mit Flüchtlingskindern besteht darin, dass das Leiden und die unerfüllten Bedürfnisse dieser Kinder, ähnlich wie bei Kindern in hoch strittigen Trennungssituationen oder bei Kindern mit suchtkranken oder psychisch kranken Elternteilen, nur wenig wahrgenommen werden. Psychisches Leid und schlechte Entwicklungsbedingungen werden systematisch übersehen (siehe dazu auch Mattenschlager, Nahler, Reisinger 2016).

Bei der konzeptionellen Entwicklung des Projekts griffen wir auch auf Methoden zurück, die seit vielen Jahren an unserer Beratungsstelle erfolgreich angewandt werden. Eine davon ist das Kinderpsychodrama, das von Alfons Aichinger und Walter Holl als Gruppentherapiemethode an unserer Stelle entwickelt wurde und zu einem wichtigen Bestandteil unserer Arbeit mit Kindern geworden ist (Aichinger, Holl, 2010). Das Angebot wird von den Kindern mit größter Freude angenommen, fördert sie in ihrer emotionalen und sozialen Entwicklung und bietet genügend Raum, um im Schutz der Rolle lebensgeschichtliche Themen ausdrücken und verarbeiten zu können. Wir spielen im Kinderpsychodrama als Therapeuten immer mit und können so die Kinder unmittelbar in ihrem Spiel anregen und unterstützen.

Damit diese Methode auch der besonderen Situation von Flüchtlingskindern gerecht wird, haben wir sie wo notwendig verändert und an die Bedürfnisse dieser Zielgruppe angepasst (siehe Mattenschlager, Nahler, Reisinger 2016). Wir möchten im Folgenden unsere ersten Mut machenden Erfahrungen teilen und dazu anregen, Kompetenzen und Qualifikationen aus der Arbeit an Erziehungsberatungsstellen auch für Flüchtlingskinder nutzbar zu machen.

Zielsetzung der Arbeit mit Flüchtlingskindern

Flüchtlingskinder sind durch viele traumatische Erfahrungen in ihrer Persönlichkeit stark beeinträchtigt und auch in Deutschland weiterhin stressreichen Bedingungen ausgesetzt. Deshalb ist es in dem Gruppenprojekt ein wichtiges Ziel, den Kindern einen Raum zur Verfügung zu stellen, um ihre verletzten Grundbedürfnisse nach Selbstwirksamkeit, Selbstwerterhöhung, gelingenden Beziehungen und lustvollen Spielerfahrungen zu stärken, ihre Ressourcen zu aktivieren und damit ihre Resilienz zu fördern (Aichinger, 2011).

Am Beispiel dieser verletzten Grundbedürfnisse werfen wir einen Blick auf die besondere Situation der Flüchtlingskinder und zeigen exemplarisch an Hand einiger Spielsequenzen, wie wir durch unsere psychodramatische Arbeit neue heilsame Erfahrungen der Bedürfnisbefriedigung anregen. Die Beispiele stammen aus einer Kindergruppe mit 6 Flüchtlingskindern im Alter von 5 bis 7 Jahren, geleitet von 2 Therapeutinnen. Wir haben mit den Kindern Tiergeschichten aus der Bauernhofwelt gespielt und waren selber in der Rolle von Bäuerin oder auch in Tierrollen am Spiel beteiligt. Die meisten Interventionen von uns folgten aus unseren jeweiligen Rollen heraus.[5]

Selbstwirksamkeit

Flüchtlingskinder haben sehr häufig Situationen massiver Ohnmacht erlebt, zum Teil in traumatisierender und existenzieller Ausprägung: gewaltsame Übergriffe, Misshandlung und Konfrontation mit dem gewaltsamen Tod von Familienangehörigen und Freunden. Ohnmachtserlebnisse sind als destruktive Gegenerfahrung von Selbstwirksamkeit zu verstehen.

Nach Ohnmachtserlebnissen ist das Zurückgewinnen von Vertrauen in die eigene Wirksamkeit eine zentrale und unabdingbare Motivation. Ansonsten droht depressive Resignation im Sinne einer erlernten Hilflosigkeit. Da auch die Lebensrealität der Flüchtlingskinder in Deutschland oft geprägt ist von fehlenden oder sehr geringen Selbstwirksamkeitserfahrungen, sehen wir z.B. in aggressivem Verhalten bei Flüchtlingskindern vor allem das Ringen um die Erfahrung, die eigene Situation wieder beeinflussen zu können – als eine Lösung auf der Suche nach entwicklungsnotwendigen Bedingungen, auf die nicht verzichtet werden kann. Dies ist jedoch mit einem hohen Preis verbunden: Die anderen Grundbedürfnisse werden

5 Zum Ablauf einer Gruppenstunde und zu weiteren praktischen Informationen über diese Arbeit verweisen wir auf: Mattenschlager, Nahler und Reisinger, 2016.

ggf. dafür geopfert. Freundschaften misslingen, lustvolle Erfahrungen werden noch seltener, selbstwertsteigernde Momente ebenso. Ohne die Erfahrung sozial und gesellschaftlich akzeptierten Selbstwirksamkeitserlebens wird unserer Einschätzung nach sehr vielen Flüchtlingskindern die Integration in unsere Gesellschaft nicht gelingen.

Da die Kinder noch sehr viel Unterstützung brauchen, um eine Rolle ausfüllen zu können, haben wir uns entschlossen, immer alle Kinder ein gleiches Tier vom Bauernhof spielen zu lassen. Sie dürfen aber wählen, welche Farbe ihr Fell als Katze, Hund etc. hat, ob sie ein junges oder ausgewachsenes Tier sind und an welcher Stelle im Raum ihr Stall stehen soll und wie er aussieht. Die Kinder strahlen über diese Wahlmöglichkeit und genießen den Moment, wo sie an der Reihe sind, ein Dolmetscher ihre Wünsche übersetzt und sie für einen Moment ganz im Zentrum der Aufmerksamkeit stehen und selber bestimmen dürfen.

Anders als andere Kinder lehnen die Flüchtlingskinder anfangs jegliche Versorgung, die wir ihnen als Bäuerin geben wollen, ab. Sie sind gewohnt, oft für sich selber zu sorgen. So ist es wichtig, dass wir ihnen diese vertraute Möglichkeit lassen, aber neue Erfahrungen anregen, in denen ihre Selbstwirksamkeit gesehen und bewundert wird. Als die Kinder Pferde sind, bauen wir auf einer Koppel kleinere und größere Hindernisse auf und regen an, dass sie als Pferde springen und schnell galoppieren können und dabei vom Bauern gesehen und bewundernd gefilmt werden. Die Kinder greifen diesen Impuls begeistert auf, sind für eine kurze Zeit ganz das prachtvolle Pferd mit vielen Fähigkeiten und erleben diese Kraft mit ihrem ganzen Körper.

Als sie in die Rolle der Katzen schlüpfen, binden wir geknotete Tücher als Mäuse an ein kleines Seil und bieten an, dass die Katzen diese fangen können, da die Mäuse alle Vorräte der Speisekammer fressen wollten. So können sie ihre Katzenkrallen spüren und ihre Geschicklichkeit zeigen und spielerisch mit anderen als Katze kraftvoll zupacken. Ganz stolz bringen sie uns die gefangenen Mäuse. Als Bäuerinnen können wir sie bewundern und uns bedanken, dass sie so freundlich sind, uns zu helfen. So erfahren die Kinder Selbstwirksamkeit – ganz anderes als im Alltag, wo die vielen Leistungen der Kinder oft ungewürdigt bleiben.

Gelingende Beziehungen

Sicherheit ist ein zentrales Bedürfnis von Flüchtlingen. Da Kinder, anders als Erwachsene, Sicherheit vor allem in Beziehungen erleben (ein Kind das Angst hat, versucht der angstmachenden Situation dadurch zu entkommen, indem es sich bei seinen Eltern in Sicherheit bringt), sind sichere, verlässliche und stabile Beziehungen ein weiteres wesentliches, resilienzförderndes Bedürfnis von Flüchtlingskindern.

Die Lebensrealität von Flüchtlingskindern stellt diese Erfahrung leider jedoch oft nicht zur Verfügung. Die Eltern befinden sich häufig in einer instabilen und fremdbestimmten Lebenssituation. Sie sind in ihrem Alltag mit sich und den Herausforderungen des täglichen Lebens sehr belastet. Da ca. 40 % der erwachsenen Flüchtlinge traumatisiert sind, kommt dazu, dass viele Kinder Elternteile haben, die schwer psychisch krank und deshalb außerstande sind, ihren Kindern die notwendige emotionale Wärme und Geborgenheit zu vermitteln. Im Gegenteil; wir beobachten, dass es vielmehr oft die Kinder sind, die – im Sinne einer Parentifizierung – viel Kraft darauf verwenden, die Lebenssituation ihrer Eltern mitzugestalten und für ihre Eltern zu sorgen.

Durch die Wohnsituation in Gemeinschaftsunterkünften, Sprachbarrieren und Erfahrungen von Ausgrenzung ist der Aufbau von Freundschaften zu anderen Kindern ebenfalls oft sehr erschwert. Die zweite wichtige Quelle für gelingende Beziehungserfahrungen ist den Kindern dadurch gerade in den ersten Jahren in Deutschland ebenfalls nur wenig zugänglich.

Bei den vielen, oft instabilen Beziehungserfahrungen der Flüchtlingskinder spielt unserer Einschätzung nach die Gruppe der Gleichaltrigen eine ganz besonders wichtige und stabilisierende Rolle. Viele unserer Interventionen haben das Ziel, den Kindern gemeinsame, lustvolle Erfahrungen zu ermöglichen und ihre sozialen Kompetenzen zu fördern.

So unterstützen wir z.B. den Wunsch der Kinder, sich nach einigen Gruppenstunden nun als Tiere gemeinsam einen Stall bauen zu wollen. Wir regen aber an, dass jeder dennoch seinen Schlafplatz durch eine Decke markiert und einen eigenen Rückzugsort behält. So liegen sie sehr nah beieinander, kichern und freuen sich, aber jeder hat noch seinen Platz, auf den er sich bei Bedarf zurückziehen kann. Der wichtige Wunsch nach Nähe wird so mit dem ebenfalls wichtigen Bedürfnis nach eigenen Grenzen verbunden.

Als Katzen schleichen sie sich, angeregt durch das Modell einer Therapeutin, die auch in eine Katzenrolle schlüpft, in ein zuvor gebautes Versteck außerhalb des Bauernhofs. Die Kinder sitzen dicht gedrängt in dem kleinen Versteck und ermahnen sich gegenseitig, leise zu sein und sich nicht zu zeigen. Die Bäuerin stellt dann erschrocken fest, dass alle Katzen fehlen, und ruft und sucht lange nach ihnen. Die Kinder lachen leise miteinander, sie genießen sichtbar, dass sie gesucht und vermisst werden, und die gemeinsam anwachsende Spannung, um dann mit großem

Gebrüll plötzlich aus dem Versteck zu springen und sich finden zu lassen. In einer nachfolgenden Stunde greifen sie als Pferde die Idee nochmal auf und verstecken sich im Stall unter dem Heu (Decken) und wieder entscheiden nur sie, wann die Bäuerin das Glück hat, sie zu finden. Es ist spürbar, wie diese lustvolle gemeinsame Erfahrung die Kinder zusammenschweißt.

Als Ziegen spielen die Kinder von sich aus, dass sie einen kleinen Berg (aus Polstern) hinunterstürzen und verarztet werden müssen. Wir bringen die Kinder auf eine schnell gebaute Krankenstation und versorgen sie. Da die Kinder oftmals sehr grob miteinander umgehen, regen wir sie zu gegenseitiger Fürsorge an und bitten die unverletzten Ziegen, Heilblumen, die auch auf dem Berg wachsen, zu holen und sie den kranken Ziegen vorsichtig auf die Wunde zu legen. Die Kinder sind sehr stolz, helfen zu können, und gehen behutsam mit den Verletzten um. Diese wiederum strahlen über die Versorgung und Zuwendung der anderen Kinder.

Selbstwertgefühl

Durch die anfänglich fehlenden Sprachkenntnisse fällt es Flüchtlingskindern oft schwer, in Schule und Kitas selbstwertsteigernde Erfahrungen zu machen. Trotz großen Ehrgeizes und vielfach großer Anstrengungen bleiben Erfolgserlebnisse erstmal aus – und damit das Gefühl, stolz auf sich und die eigenen Fähigkeiten sein zu können. Der Wunsch ihrer Eltern, dass die Kinder hier in Deutschland ihren Weg finden und gehen können, ist gerade in den ersten Jahren nur schwer zu realisieren. Anfänglicher Misserfolg und erschwerte Bedingungen bieten wenig Gelegenheit für den Aufbau eines stabilen Selbstwerts und für die Erfahrung, den Stolz der Eltern auf ihre große tagtägliche Leistung zu spüren.

In jeder Gruppenstunde legen wir großen Wert darauf, dass die Szenerie Bauernhof mit den Ställen, Wiesen mit Blumen und kleinen Wasserstellen sehr sorgsam mit verschiedenfarbigen Tüchern eingerichtet wird. Wir haben bewusst sehr viele goldene und glitzernde Tücher, die von den Kindern bevorzugt gewählt werden. Sie binden sich die Tücher als Fell um und zeigen mit leuchtenden Augen, welch kostbare Tiere sie sind, oder gestalten damit ihren Stall, der dadurch zu einem königlichen Zuhause wird. Die Kinder lieben diese Phase, die ihren Selbstwert spürbar nährt. Dazu tragen auch die vielen kleinen Sequenzen bei, in denen wir die Kinder mit unserem begeisterten oder bewundernden Blick spiegeln, ob sie nun als Pferd mit glitzernder Satteldecke hohe Sprünge machen, als langgesuchte Katze endlich gefunden werden, oder als wertvolle Ziege so geschickt die Heilblumen pflücken können.

Lustvolle Situationen aufsuchen – Unlust vermeiden

Die Lebensrealität in Sammelunterkünften und die Bedingungen in den oft ähnlich kinderunfreundlichen Umgebungen in den Anschlussunterbringungen bieten wenig lustvolles und schönes Erleben für Kinder. Sie sind in ihrer Freizeitgestaltung meist sich selbst überlassen und finden wenige Gelegenheiten für Spaß und Freude im Alltag.

Der Rahmen des psychodramatischen Spiels regt die Kinder an, sich wieder als Kinder zu fühlen und ihre Kreativität und Spielfreude neu zu entdecken. Wir stiften die Kinder an, im Spiel lustvolle Handlungen zu entwickeln. Die mit einem blauem Tuch gestaltete Wasserstelle wird zu einem Badespaß mit Wasserschlacht, in dem eine von uns als Pferd mitten hinein springt, bis sich schlussendlich fast alle lachend und fiktiv spritzend herumspringen und nur der lustvolle Moment zählt. Durch unser Mitspielen begeben wir uns auf die Erlebnisebene der Kinder und unterstützen sie in ihrem Bedürfnis nach unbeschwertem kindlichem Tun.

Die Teilnahme an psychodramatischen Gruppenstunden ist für die Flüchtlingskinder eine sehr lustvolle Erfahrung, und sie zeigen es uns deutlich durch ihre zunehmende Lebendigkeit und ihre strahlenden Gesichter. Auch uns Therapeuten stärken diese gemeinsamen unbeschwerten Momente. Sie helfen uns dabei, die Kinder nicht nur auf ihr Schicksal zu reduzieren, sondern ihren vielfältigen Ressourcen und ihrem Lachen Raum zu geben.

Fazit

Gelingende Integration von Flüchtlingskindern in unsere Gesellschaft bedeutet zuallererst, diese Kinder in ihrer Lebensentwicklung zu unterstützen. Die Herausforderungen und Beeinträchtigungen durch die aktuelle Lebenssituation sowie durch Erfahrungen von Flucht und Krieg sind groß. Diesen Belastungen gelingende Erfahrungen, Mut und Zutrauen entgegenzusetzen, ist Kern der Kompetenz und des Auftrags der Erziehungsberatung. Wir möchten Mut machen, unsere langjährigen Qualifikationen auch systematisch für Flüchtlingskinder einzusetzen. Neben dem Ausbau der dafür notwendigen zusätzlichen personellen Kapazitäten braucht es auch den Mut und die Offenheit der Berater/innen, sich diesem neuen Handlungsfeld zu stellen und damit einen Beitrag zur gesellschaftlichen Aufgabe der Integration vieler Menschen zu leisten.

Das Kinderpsychodrama bietet einen ressourcenorientierten Zugang der Förderung von Resilienz. Es belässt den Kindern die Kontrolle der therapeutischen Situation, eröffnet viele Möglichkeiten zur Realisierung von grundlegenden Bedürfnissen und ist für die Kinder eine zutiefst lustvolle und schöne Erfahrung.

Literatur

Aichinger A., Holl W. (2010): Gruppentherapie mit Kindern. Kinderpsychodrama: Band 1. Wiesbaden: Springer VS.

Aichinger A., (2011): Resilienzförderung mit Kindern. Kinderpsychodrama Band 2. Wiesbaden: Springer VS.

Mattenschlager A., Nahler S., Reisinger R., (2016): Unsichtbares Leiden – Therapie traumatisierter Kinder mit Fluchterfahrung. In: Praxis der Kinderpsychologie und Kinderpsychiatrie, (65), 725–745.

Institutionen im Kontext

Ulrich Gerth

Aus einer Hand

Therapie für Geflüchtete und Erziehungsberatung im Caritas-Beratungs- und Jugendhilfezentrum St. Nikolaus (Mainz)

Das Beratungs- und Jugendhilfezentrum Sankt Nikolaus in Mainz bietet Erziehungsberatung zusammen mit anderen Beratungs- und Jugendhilfeleistungen an. 2015 wurde ein Psychosoziales Zentrum für Flucht und Trauma angegliedert. Ausgehend von der Beschreibung der Arbeitsweise und der Leistungen der Zentren werden im vorliegenden Beitrag Besonderheiten in der beraterisch-therapeutischen Begegnung mit uns fremden Beziehungs- und Erziehungswirklichkeiten dargestellt. Am Schluss steht der Blick auf die gemeinsame Weiterentwicklung der Arbeit in Hinblick auf das Leitbild der Einrichtung.

Beratungs- und Jugendhilfezentrum St. Nikolaus

Im Jahre 2006 war die Integration der beiden Beratungsdienste nicht mehr aufzuhalten. Seit den 1950er Jahren war der Mainzer Caritasverband Träger einer Erziehungsberatungsstelle und einer Eheberatungsstelle. Trotz aller Unterschiede gab es deutliche Ähnlichkeiten in der Arbeitsweise, auch gelegentliche fallbezogene Kontakte und häufiger gegenseitige Weiterverweisungen. Über die Integration der beiden Stellen war immer wieder diskutiert worden. Aber erst durch die Entscheidung des Landes Rheinland-Pfalz und der Stadt Mainz, nur noch integrierte Beratungsstellen zu fördern, erfolgte die praktische Umsetzung. Man zog sozusagen in eine gemeinsame Wohnung – in neue Räumlichkeiten in der Mainzer Innenstadt, mitten im quirligen Leben der Fußgängerzone, zwischen Drogeriemärkten, Handyshops und Verpflegungsstationen.

Anfangs wurden getrennte Wartelisten für Eheberatung und Erziehungsberatung geführt, was nicht einfach zu handhaben war, da es in der Partnerschafts- und Trennungsberatung Überlappungen gab. Wer damals schon dabei war, weiß, warum es in der Küche zwei Besteckschubladen gibt: In der einen war das Besteck, dass die Erziehungsberater mitgebracht hatten, in der anderen das der Eheberater. In dem folgenden Integrationsprozess, der durch ein hohes Maß an kollegialer Unterstützung geprägt war, wurde viel voneinander gelernt und neue gemeinsame Konzepte wurden entwickelt, zum Beispiele für die interkulturelle Öffnung der Beratungsstelle.

Mit im Boot waren von Anfang an die Mitarbeiter/innen der Binger Erziehungsberatung und der Aufsuchenden Familientherapie, die ein Jahr vorher als gemeinsames Projekt von Erziehungs- und Suchtberatungsstelle gegründet wurde. Später wurde auch die Studierendenberatung an der Katholischen Hochschule und die Schulsozialarbeit dem Beratungszentrum zugeordnet. Zudem erfolgte der Aufbau einer weiteren aufsuchenden Erziehungshilfe: Die Flexiblen Pädagogischen Hilfen (FlexPäd) richten sich wie die Aufsuchende Familientherapie an Familien in schweren Problemlagen, sind aber nicht therapeutisch orientiert. Aus einem Baukasten unterschiedlicher Leistungen wird die Hilfe zusammengestellt, die zur Familie passt. Neben den klassischen Erziehungshilfen sind das hauswirtschaftliche Unterstützung, Anleitungen zur Kinderpflege und vieles andere aus dem Leistungsspektrum des gesamten Caritasverbandes. Häufig nachfragt wird auch das Modul Psychologische Diagnostik.

Im Jahre 2014 wurde auch die Jugendberufshilfe angegliedert: Jobfüxe unterstützen alle Mainzer Schülerinnen und Schüler, die mit dem Abschluss Berufsreife (früher Hauptschulabschluss) die Schulen verlassen, bei Berufsfindung, Suche nach Ausbildungsstellen und im Bewerbungsverfahren. Jugendscouts und Jobcoaches helfen jungen Erwachsenen, bei denen der Start ins Berufsleben nicht geklappt hat.

Und als im Januar 2015 noch die Glücksspielsuchtberatung dazu kam, schien das schnelle Wachstum des Zentrums zunächst abgeschlossen zu sein, so dass der notwendige Konsolidierungsprozess beginnen konnte. Bis im Frühjahr die Anfrage des Landes kam, ob im Kontext des Beratungs- und Jugendhilfezentrums ein Psychosoziales Zentrum für Flucht und Trauma gegründet werden kann. Dies ist mittlerweile erfolgt.

Mitarbeiter und Arbeitsbereiche

Im Beratungs- und Jugendhilfezentrum sind 37 Mitarbeiterinnen und Mitarbeiter beschäftigt. Dies entspricht 27,2 Vollzeitäquivalenten (VZÄ). Mit einer Ausnahme haben alle unbefristete Dienstverträge (Stand: 1. 11. 2016).

	Köpfe	VZÄ	Frauen	Männer
Sozialarbeit/Sozialpädagogik	16	13,7	10	6
Psychologie	12	9,7	8	4
Pädagogik	4	1,6	4	0
Verwaltung	5	2,2	5	0
Gesamt	**37**	**27,2**	**27**	**10**

In der Erziehungs-, Ehe- Familien und Lebensberatung gibt es insgesamt 7,5 Stellen, im Psychosozialen Zentrum für Flucht und Trauma 3,5 Stellen. Viele Mitarbeiter sind in unterschiedlichen Arbeitsbereichen eingesetzt. So sind fast alle, die in den Aufsuchenden Erziehungshilfen arbeiten, auch in der Erziehungsberatung oder der Jugendberufshilfe tätig. Das erhöht die Kompetenzen der Mitarbeiter, bringt aber auch Belastungen mit sich. Der wichtigste Effekt ist aber die Verbindung der Arbeitsbereiche. Folgende Leistungen werden angeboten:

- *Beratung und Therapie*
  Erziehungs-, Ehe-, Familien- und Lebensberatung in Mainz und in Bingen (ausgezeichnet mit dem Qualitätssiegel der bke), Glücksspielsuchtberatung, Beratung für Studierende der Katholischen Hochschule. Mit diesem Bereich sind drei Kinder- und Jugendlichenpsychotherapeutinnen i.A. assoziiert.

- *Aufsuchende Erziehungshilfen*
  Aufsuchende Familientherapie und Flexible Pädagogische Hilfen (FlexPäd).

- *Jugendsozialarbeit*
  Jobfüxe, Jugendscouts, Jobcoaches, Schulsozialarbeit.

- *Hilfen für Geflüchtete*
  Psychosoziales Zentrum für Flucht und Trauma.

Zwischen den Bereichen gibt es Querverbindungen und Übergänge, um gut abgestimmte und passgenaue Hilfen aus einer Hand zu erbringen. Einige Beispiele (Kaiser, Fehr 2016):

- In der Aufsuchenden Familienhilfetherapie wird eine Familienkrise deutlich, weil ein Jugendlicher sich nicht bewirbt. Hier können die Jugendscouts eingeschaltet werden.
- In der sozialpädagogischen Familienhilfe wird eine Spielsucht mit Schulden offenbar, die in der Glücksspielsuchtberatung bearbeitet werden kann.
- Die Jobfüxe vermitteln nach Elterngesprächen in die Erziehungsberatungsstelle.
- Im Rahmen einer Hilfe zur Erziehung wird ein Bedarf an Paartherapie erkannt.
- In der Beratung eines Jugendlichen im Projekt Jobcoach werden Konflikte im Elternhaus offenbar. Hier kann die Kompetenz der Erziehungsberatungsstelle hilfreich sein.

Kommunikation

Damit die Verbindungen funktionieren und es zu einer tatsächlichen und nicht nur additiven Integration kommt, bedarf es einer sorgfältigen Gestaltung der Kommunikationsprozesse.

Um Informationen für alle zugänglich zu machen (und Verwaltung zu vereinfachen) wurde das Papier als Speichermedium weitgehend abgeschafft. Alle Informationen sind auf einem gesicherten Terminalserver gespeichert, zu dem es differenzierte Zugangsrechte gibt. Die Terminkalender werden auf dem integrierten Exchangeserver geführt, was die Vereinbarung von Terminen erheblich erleichtert. Beide Maßnahmen führen dazu, dass der Zugriff auf alle Daten von unterschiedlichen Orten und (bei entsprechender Ausrüstung) auch mobil erfolgen kann.

Um die Vorteile elektronischer Kommunikation zu nutzen, ist es erforderlich, dass sich alle an bestimmte Regeln halten. Hierzu gehört insbesondere die Bearbeitung von Mails spätestens am nächsten Arbeitstag – entweder durch Erledigung oder die Mitteilung einer Antwortfrist. Im Laufe des Jahres 2016 wurde ein Verfahren zur Reduzierung des Mailaufkommens und zur Vereinfachung der Mailbearbeitung entwickelt.

Protokolle sind wegen erwiesener Nutzlosigkeit seit Jahren abgeschafft. Relevante Absprachen werden gleich in das Qualitätsmanagement integriert oder per Rundschreiben mitgeteilt, im Übrigen gilt eine Informationsholschuld.

Die Besprechungsstruktur muss den Notwendigkeiten folgen, die sich aus der Arbeit ergeben. Hierzu gehört, dass es innerhalb der Arbeitsgebiete Teambesprechungen gibt, z.B. ein Team Erziehungsberatung in Mainz und in Bingen. Ebenso wichtig sind aber auch flexible Querverbindungen zwischen den Bereichen. So treffen sich derzeit die Psychologen und Therapeuten aus verschiedenen Bereichen, um sich mit dem Thema Diagnostik zu beschäftigen. Die Ergebnisse werden dann in das Team Total eingespeist, zu dem sich einmal monatlich alle Mitarbeiter/innen (einschließlich Verwaltung) treffen. Hier werden gemeinsam interessierende Themen besprochen, häufig auch Erkenntnisse und Methoden aus Fortbildungen vorgestellt.

Hohe Bedeutung hat die Fehlerfreundlichkeit des gesamten Systems. In manchen Organisationen wird viel Arbeitsenergie darauf verwandt, Fehler zu verstecken oder die Verantwortung dafür anderen zuzuschieben. Diese Energie sollte besser genutzt werden. Fehlerfreundliche Systeme begreifen Fehler primär als Möglichkeit, Störungen zu entdecken und Abläufe zu verbessern. Basis ist gegenseitige Wertschätzung, die die Anerkennung der

Kompetenzen des anderen, die kollegiale Unterstützung und ebenso die frühzeitige Thematisierung von Problemen und Konflikten impliziert.

Psychosoziales Zentrum für Flucht und Trauma Mainz (PSZ)

Die Landesregierung von Rheinland-Pfalz beschloss im Jahre 2015 die Gründung von zwei neuen Psychosozialen Zentren für Flucht und Trauma in Mainz und in Ludwigshafen. Landesweit gibt es nun fünf solcher Zentren für Geflüchtete, die an Traumafolgestörungen oder anderen psychischen Problemen aufgrund von Erlebnissen im Herkunftsland oder auf der Flucht leiden. Das Mainzer Zentrum ist zuständig für die Städte Mainz und Worms, die Kreise Mainz-Bingen, Alzey-Worms, Bad Kreuznach und für Teile des Rhein-Hunsrück-Kreises.

Am Hauptstandort Mainz und in der Außenstelle Bingen arbeiten insgesamt fünf Mitarbeiterinnen: Zwei Psychologische Psychotherapeutinnen (1,0 und 0,75 VZÄ), eine Diplom-Psychologin/Psychologische Psychotherapeutin i.A. (0,25 VZÄ) sowie zwei Sozialpädagoginnen (1,0 und 0,5 VZÄ). Alle Mitarbeiterinnen haben flucht- und traumaspezifische Fortbildungen besucht. Monatlich findet Supervision im Team statt, daneben gibt es bei Bedarf die Möglichkeit zur Einzelsupervision. Kontinuierliche Fortbildung ist gewährleistet.

Die Arbeit wird derzeit durch die Landesregierung Rheinland-Pfalz, die Bundesregierung, die Deutsche Fernsehlotterie sowie Amnesty International gefördert. Dazu kommen Eigenanteile das Caritasverbandes Mainz, Kirchensteuermittel und Spenden.

Die Arbeit des Zentrums ist von Beginn an gekennzeichnet durch sehr hohe Nachfrage und durch die Vielfalt der Aufgaben. Schon bevor Mitarbeiter eingestellt wurden, gab es eine lange Warteliste für Therapieplätze. Dies zeigt, wie hoch der Bedarf ist, und macht gleichzeitig deutlich, dass die Arbeit des Zentrums diesen Bedarf nicht decken kann.

Einzel-Psychotherapie

Ein Schwerpunkt der Arbeit ist Einzelpsychotherapie für Geflüchtete mit Traumafolgestörungen und anderen psychischen Belastungen. Dieses Angebot richtet sich an Menschen, die aufgrund rechtlicher Hürden, willkürlicher Auslegung von Bestimmungen oder wegen der Komplexität ihrer Problemlage nicht im regulären Gesundheitssystem behandelt werden. Die Therapeutinnen sind verhaltenstherapeutisch ausgebildet, in der Arbeit werden unter anderem die narrative Expositionstherapie und das Sandspielverfahren eingesetzt.

Häufig bestehen außer der psychischen Störung weitere Probleme, die Wohnung, Arbeit, Aufenthaltsstatus oder die Lage der Angehörigen im Herkunftsland betreffen. Diese Themen können nicht in der Therapie behandelt werden, sondern werden in enger Zusammenarbeit mit der Therapeutin durch die Sozialpädagoginnen des Zentrums abgedeckt. Asylverfahrensberatung erfolgt in Kooperation mit dem entsprechenden Dienst des Caritasverbandes Mainz.

Gruppenarbeit und -therapie

Neben der Einzeltherapie werden verschiedene Gruppen angeboten.

- In den Psychoedukationsgruppen wird vermittelt, wie die Posttraumatische Belastungsstörung entsteht und mit welchen Methoden ihre Begleiterscheinungen begrenzt werden können. Die Aufklärung über Ursachen ist wichtig, weil viele sich ihrer Symptome schämen und sie mit eigenem Versagen assoziieren.
- In den Entspannungsgruppen werden Verfahren trainiert, die in unterschiedlichen Lebenssituationen eingesetzt werden können. Es hat sich gezeigt, dass mit zunehmender Vertrautheit in der Gruppe auch schwerwiegendere Probleme zur Sprache gebracht werden. Manchmal ist dann Einzeltherapie erforderlich.
- In der in Zusammenarbeit mit einer professionellen Tanzlehrerin angebotenen Tanzgruppe erfahren die Kinder und Jugendlichen Stabilisierung in Strukturen, Rhythmen und Bewegungsabläufen. Kleine Auftritte vermitteln Erfolgserlebnisse und machen allen Teilnehmern sehr viel Spaß.
- Derzeit wird eine Kunsttherapiegruppe vorbereitet, die von einer Kunsttherapeutin und einer Psychotherapeutin des Zentrums geleitet wird. Mithilfe des künstlerischen Ausdrucks wird das innere Erleben zu einem Gegenüber, dass bearbeitet werden kann und zumindest partiell der Sprache zugänglich ist.

Schulung von Multiplikatoren

Viele Menschen, die mit Geflüchteten arbeiten, suchen Unterstützung im Umgang mit traumatisierten Menschen. So bilden Vorträge und andere Fortbildungsangebote für Haupt- und Ehrenamtliche einen weiteren Schwerpunkt der Arbeit des PSZ.

Dabei zeigt sich immer wieder das hohe Engagement der Menschen, die mit Geflüchteten arbeiten. Auch wenn die Arbeit gerne gemacht wird, ist sie doch mit psychischen Belastungen verbunden. Insbesondere die

Konfrontation mit traumatisierenden Ereignissen birgt immer die Gefahr sekundärer Traumatisierung. Dies gilt besonders, wenn der/die Mitarbeiter/in oder seine/ihre Familie eigene Fluchterfahrung hat. In den Seminaren hat sich immer wieder gezeigt, dass dies nicht nur Menschen betrifft, die in den letzten Jahrzehnten nach Deutschland migriert sind. Auch der von Deutschland verschuldete Zweite Weltkrieg und die anschließenden großen Flucht- und Wanderungsbewegungen haben Spuren hinterlassen, die die folgenden Generationen geprägt haben.

Wichtig ist deshalb die sorgfältige Begleitung der Menschen, die mit Geflüchteten arbeiten. Hauptamtliche Mitarbeiter/innen benötigen regelmäßige Supervision, bei Bedarf auch Einzelsupervision. Beim Einsatz ehrenamtlicher Mitarbeiter/innen ist darauf zu achten, dass ihnen nicht Aufgaben übertragen werden, die eigentlich von Hauptamtlichen bewältigt werden müssen. Auf jeden Fall brauchen sie eine gute fachliche Begleitung und bei Bedarf Supervision.

Maßnahmen zur Öffnung der Regelsysteme

Die Psychosozialen Zentren sind weit davon entfernt, eine bedarfsdeckende Versorgung anbieten zu können. Das ist auch nicht ihre Aufgabe. Vielmehr sollen sie die Öffnung der Regelsysteme für Geflüchtete vor Ort voranbringen.

Dies betrifft primär das Gesundheitssystem. In Mainz wurde vom PSZ ein Intervisionszirkel für niedergelassene Therapeuten gegründet, die mit Geflüchteten arbeiten oder arbeiten wollen. Dabei geht es um fachliche Spezifika, die Arbeit mit Dolmetschern und um Unterstützung bei der oft komplizierten Antragstellung. Weiterhin wurden erste Gespräche mit Leitern von Sozial- und Gesundheitsämtern geführt, um die Wege zur Therapie zu ebnen und Hindernisse soweit wie möglich zu beseitigen.

Der Zugang zum Jugendhilfesystem ist meist einfacher. Auch die Erziehungsberatung ist für Eltern, Kinder und Jugendliche zuständig, die nach Deutschland geflüchtet sind. Hier wird angestrebt, die Potenziale der Erziehungsberatungsstellen stärker zu nutzen. 2017 sollen in Zusammenarbeit mit der Landesarbeitsgemeinschaft für Erziehungsberatung Rheinland Pfalz Regionalkonferenzen organisiert werden.

Sprachmittler

Viele Aktivitäten des PSZ sind daran gebunden, dass Sprachbarrieren überwunden werden können. Derzeit gibt es einen Sprachmittlerpool mit 18 Sprachen. Der Begriff Sprachmittler macht deutlich, dass es um mehr geht als um wörtliche Übersetzung. Vielfach bedarf es zusätzlicher Erläuterungen, zum Beispiel, wenn es in der anderen Sprache keinen korrespondierenden Begriff gibt. Manchmal müssen auch kulturelle Hintergründe in Richtung der Therapeutin oder des Klienten erläutert werden.

Die Sprachmittler werden in regelmäßigen Treffen fortgebildet und begleitet. Bei Bedarf besteht die Möglichkeit zur Supervision. Außerdem finden nach den Beratungs- und Therapiegesprächen Nachbesprechungen statt, um bei der Verarbeitung des Besprochenen zu helfen. Schließlich müssen die Sprachmittler/innen das Schreckliche nicht nur hören, sondern sie müssen es aussprechen. Dabei ist immer die Gefahr einer sekundären Traumatisierung im Blick zu halten.

Erziehung und Beziehung im interkulturellen Dialog

Im PSZ ist unübersehbar, was auch für alle Arbeitsbereiche gilt: Beratung und Therapie mit Geflüchteten ist immer auch ein interkultureller Dialog. Es begegnen sich Angehörige zweier einander fremder Kulturen und das Verstehen des Individuums ist an das Verstehen seines sozialen und kulturellen Kontextes gebunden.

Überlebende

Die wenigsten Geflüchteten kommen direkt aus dem Herkunftsland auf einem deutschen Flughafen an, die meisten Fluchtwege sind ungleich länger und viel gefährlicher. Da geht es meist nicht um Wochen und wenige Monate, sondern um Jahre. Die schlimmen Bilder aus dem Mittelmeer sind aus den Medien bekannt, aber auch die Gebirgswege sind voller Gefahr. Viele haben auf dem Weg Angehörige oder Freunde verloren, beim Sterben zugesehen, ohne etwas machen zu können. Die Flucht über diesem Weg ist fast komplett von Schlepperbanden organisiert, immer wieder muss Geld beschafft und bezahlt werden. Hunger, Gewalt und die tägliche Angst ums Überleben prägen diese Zeit der Flucht.

Wer hier ankommt, ist ein Überlebender und ein Schutzbefohlener, dessen Menschenrechte verletzt wurden. Die Erlebnisse im Heimatland und auf dem Fluchtweg haben sich tief in die Persönlichkeit eingeprägt und häufig ist auch die jetzige Lebenssituation unsicher. Rassistische Übergriffe und Gewalt gegen Frauen und Kinder in den Unterkünften stellen neue Gefahren dar.

Doch die Flucht hat nicht nur Ressourcen verbraucht, sondern auch neue geschaffen. Wer den Mut zum Aufbruch hatte, den Gefahren des langen Weges ins Auge geblickt und überlebt hat und hier einen Neuanfang wagt, hat Fähigkeiten entwickelt, die auch zur Bewältigung künftiger Herausforderungen zur Verfügung stehen.

Fremdheit

Am Anfang steht die Erleichterung, angekommen zu sein, auch wenn die Zukunft noch unsicher ist. Gleichzeitig entsteht ein Gefühl der Fremdheit, das durch den Verlust der Heimat und durch oft erhebliche kulturelle Unterschiede gespeist wird. Der Grad der Unterschiedlichkeit hängt natürlich davon ab, wo jemand herkommt. Für manche sind die Unterschiede zu den anderen Kulturen in den Unterkünften größer als die Unterschiede zur deutschen Kultur – daher ist Vorsicht bei verallgemeinernden Äußerungen geboten. Trotzdem können einige markante und für viele gültige kulturelle Unterschiede beschrieben werden:

In Deutschland hat die Kleinfamilie eine hohe Bedeutung. Dies betrifft nicht nur die Anzahl der Kinder. Jungen Eltern ist es wichtig, sich von ihrer Herkunftsfamilie abzugrenzen und ihr Leben und die Kindererziehung nach eigenen Vorstellungen zu gestalten. Ratschläge der eigenen Eltern oder von Freunden und Nachbarn werden häufig als Einmischung wahrgenommen. Lieber liest man Erziehungsratgeber oder schaut sich entsprechende Sendungen im Fernsehen an. Dies ist in vielen Kulturen anders, in denen die Großfamilie eine besondere Bedeutung für die Weitergabe von Wissen hat und mitverantwortlich ist für das Gedeihen und die Erziehung der Kinder. Der Mitverantwortung des sozialen Umfelds entspricht in Deutschland die Mitverantwortung des Staates für die Erziehung die Kinder: Nicht die Familie und das Dorf, sondern das Jugendamt wacht über das Kindeswohl.

Viele sind auch mit unterschiedlichen Rechten von Frauen und Kindern konfrontiert, auch wenn Deutschland von der tatsächlichen Gleichberechtigung von Mann und Frau und der Durchsetzung des Gewaltverbots in der Erziehung noch weit entfernt ist. Diese Errungenschaften sind jedoch ziemlich neu. Die Frau darf erst seit 1976 ohne Zustimmung ihres Ehemannes berufstätig sein, und Kinder haben seit 2000 ein Recht auf gewaltfreie Erziehung – nach jahrzehntelanger Diskussion, ob dies ein unzulässiger Eingriff in das Elternrecht ist. Insofern ist Zurückhaltung bei der Beurteilung anderer Kulturen geboten. Gleichwohl können die unterschiedlichen Rollen von Frauen und Kindern für Menschen aus anderen Kulturen eine große Herausforderung darstellen.

Die Flucht ist meist mit einem erheblichen Statusverlust verbunden, zudem viele durch das Arbeitsverbot gezwungen sind, untätig in Unterkünften und Siedlungen zu leben. Kinder sind meist besser integriert, besuchen Schule oder Kindergarten und sind dadurch häufig ihren Eltern nicht nur beim Spracherwerb voraus, sondern auch beim Kennenlernen der kulturellen Gepflogenheiten. Dies schmälert den Wissensvorsprung und die Autorität der Eltern erheblich. Auch das regelmäßige Weggeben der Kinder ist für jemand, der auf der Flucht ständig darauf fokussiert war, auf die Kinder aufzupassen, nicht einfach.

Die Kinder sind mit der Gleichzeitigkeit unterschiedlicher Erziehungsstile konfrontiert, im Kindergarten wird anderes erwartet als bei den Eltern. Daraus resultiert eine verbreitete Angst, etwas falsch zu machen. Anderseits brauchen Kinder nicht lange, um sich an das andere Aussehen der Menschen, die unterschiedlichen Sitten und Gebräuche zu gewöhnen und die deutsche Sprache zu erlernen. Im Hintergrund bleiben aber immer der Schrecken des Erlebten und mögliche aktuelle Gefährdungen in den Unterkünften. Man sieht den Kindern das Erlebte in der Regel nicht an, was es zusätzlich erschwert, ihren Hilfebedarf einzuschätzen. Kindertagesstätten und Schulen stehen vor der Herausforderung, auf die besondere Situation der Kinder einzugehen, ohne sie zu stigmatisieren (Hölzer 2015). Manche brauchen spezifische Förderung und Unterstützung – alle brauchen Sicherheit und die Integration in geregelte Abläufe.

Sozialisationsmodelle

Das meiste, was wir über die Entwicklung und Bindungserfahrungen von Kindern wissen, beruht auf Forschungen an weißen amerikanischen Mittelschichtsfamilien und ist einigermaßen auf europäische Familien übertragbar, die in ähnlichen Milieus leben. Diese Erkenntnisse sind aber weit davon entfernt, für alle Kulturen Gültigkeit zu haben. Vielmehr gibt es weltweit höchst unterschiedliche Sozialisationsmodelle.

Heidi Keller (2011) hat in umfangreichen Feldforschungen kamerunsche Nso-Bauern beobachtet und befragt. Sie vergleicht diese Sozialisationsbedingungen mit den uns geläufigen und unterscheidet zwischen den Gleichberechtigungs- und dem Lehrlingsmodell in der Sozialisation.

Das *Gleichberechtigungsmodell* ist durch die Förderung der individuellen Kompetenzen und der Autonomie des Kindes geprägt. Schon früh sollen die individuellen Fähigkeiten des Kindes entdeckt und gefördert werden. Die Kommunikation mit dem Kind ist von Anfang an durch Sprache und Blickkontakt geprägt (distaler Interaktionsstil). Das Kind ist ein Gegenüber, mit dem man schon spricht, bevor es den Inhalt der Sprache kognitiv verstehen kann. Wichtig ist die frühkindliche feste und sichere Bindung zu wenigen Bezugspersonen, erst allmählich weitet sich das Bezugssystem des Kindes. Dem Spiel kommt eine besondere Bedeutung zu, ist es doch wichtig für die Förderung kindlicher Fähigkeiten. Dazu wird das

Kind mit Gegenständen ausgestattet, die eigens zum Zweck des Spielens hergestellt werden, sogenanntes »Spielzeug«. Das Kind soll Initiative entwickeln und Herausforderungen und Probleme eigenständig lösen. Zum Erwerb sozialer Kompetenzen ist es wichtig, Kontakte zu gleichaltrigen Kindern zu organisieren, zumal die Zahl der Geschwister meist klein ist. Viele Kinder wachsen zumindest einen Teil ihrer Lebenszeit als Einzelkind auf.

Ganz anders das *Lehrlingsmodell*, das Keller unter anderem bei den Nso beobachtet hat. Hier geht es vor allem darum, dass sich das Kind in ein soziales Gefüge einordnet und die Fähigkeiten erwirbt, die es zum Überleben braucht, Verbundenheit ist wichtiger als Autonomie. Diese Fähigkeiten werden von den Erwachsenen vermittelt. Hier ist nicht Diskutieren, sondern Lernen und Gehorchen angesagt. Nicht Individualität, sondern der Erwerb sozialer Kompetenz steht im Vordergrund. Da die Kinder schon früh von ihren Müttern bei der Arbeit auf dem Rücken getragen werden, sind Blickkontakt und Sprache von untergeordneter Bedeutung für den Bindungsaufbau. An die ihre Stelle tritt die körperliche Nähe, in der die Mutter ihr Kind spürt und das Kind seine Mutter (proximaler Interaktionsstil). Das Kind hat von Anfang an viele Bezugspersonen, die sich um es kümmern. Es ist in die alltäglichen Abläufe einbezogen und entdeckt so die Welt. Spezielles Spielzeug ist dazu nicht erforderlich. Auch die elterliche Suche nach Spielkameraden erübrigt sich, da meist viele Kinder zusammen sind.

Natürlich gibt es ebenso wenig eine einheitliche Kultur der Geflüchteten wie die Sprache »Ausländisch«. Trotzdem macht dieses Beispiel deutlich, wie wichtig es ist, andere Kulturen nicht nur durch die Brille der eigenen Kultur zu betrachten. Die Fremdheit, die durch die distanzierte Betrachtung der eigenen Kultur entsteht, hilft, die Fremdheit der Menschen, die zu uns kommen, besser zu verstehen.

Traumatisierung

Schreckliche Erfahrungen im Heimatland und auf der Flucht, Zukunftsangst, Unsicherheit und Sorge um die Daheimgebliebenen hinterlassen psychische Spuren. Neben der Depression ist die Posttraumatische Belastungsstörung (PTBS) eine häufig anzutreffende psychische Erkrankung bei Geflüchteten.

Eine Posttraumatische Belastungsstörung entwickelt sich, wenn ein Trauma nicht verarbeitet oder vergessen werden kann. Der Begriff Trauma wird hier im engeren Sinne benutzt und bezieht sich auf Situationen, in denen das eigene Leben bedroht wurde oder die Lebensbedrohung anderer miterlebt wurde. Interpersonelle Traumatisierungen, also Bedrohungen, die von Menschen ausgehen, sind noch schwerer zu verarbeiten als Naturkatastrophen oder Unfälle, weil sie das Grundvertrauen in anderen Menschen schwer erschüttern oder zerstören. Und doch entwickelt sich nicht bei jedem Traumatisierten eine Traumafolgestörung. Dies geschieht, wenn die Verarbeitung des Geschehenen gestört wird, zum Beispiel bei sequenziellen Traumatisierungen, die einen nie zur Ruhe kommen lassen.

Wenn sich eine Posttraumatische Belastungsstörung entwickelt hat, ist die Traumareaktion sozusagen ständig im Arbeitsspeicher. Der Betroffene ist in Dauerbereitschaft, die Reaktionen auf die Lebensbedrohung zu reproduzieren: Flucht, Kampf und Dissoziation mit allen vegetative Begleiterscheinungen gehören zum alltäglichen Verhaltensrepertoire und können jederzeit getriggert werden. Leider sind die Auslösereize schwer zu identifizieren, häufig auch zufällig. Die ständige Möglichkeit eines Flashbacks stellt eine starke Verunsicherung des Betroffenen dar, die seine Lebensgestaltung erheblich einschränkt. Hinzu kommen weitere Sekundärsymptome: Zwangsgrübeln, Scham, sozialer Rückzug, Schlafprobleme und Erschöpfungszustände am Tag. Die damit verbundenen Konzentrationsstörungen erschweren den Spracherwerb und damit die Integration.

Auch Kinder sind von Traumatisierungen direkt oder indirekt betroffen. Manche sind selbst Opfer von Gewalthandlungen oder haben Gewalt und Tötungen mit ansehen müssen. Auch auf dem Fluchtweg können sie erlebt haben, wie Menschen – auch Angehörige – sterben oder verloren gehen. Dadurch wird das kindliche Grundgefühl, von Erwachsenen beschützt zu werden, zutiefst erschüttert oder zerstört. Kinder sind auch von den Traumatisierungen der Eltern sekundär mitbetroffen, auch wenn sie das eigentliche Geschehen nicht miterlebt haben (Utecht 2014). Zudem sind die Ressourcen, die Eltern mit Traumafolgestörungen für die Kindererziehung zur Verfügung stehen, eingeschränkt – schon allein durch die ständige Übermüdung und nervliche Anspannung (Borke 2011).

Obwohl ihre Symptome häufig dramatisch sind und schwere Integrationshindernisse darstellen, ist die Posttraumatische Belastungsstörung gut behandelbar. Es gibt mehrere wirksame Therapiemethoden (kognitive Verhaltenstherapie, narrative Expositionstherapie, Hypnotherapie). In durchschnittlich 10 bis 12 Sitzungen erreicht man eine Erfolgsquote von 80 bis 90 Prozent (KVT) (Ehring, Ehlers 2012). Zwar bleibt die Traumatisierung auch nach der Behandlung eine unauslöschbare schlimme Erinnerung, aber sie bricht nicht ständig in den Alltag ein.

Mindestens so wichtig wie eine gute Therapie ist Sicherheit. Nur wer die Sicherheit hat, dass die Bedrohung vorbei ist, kann die ständige Alarmbereitschaft aufgeben. Und umso schlimmer ist eine Retraumatisierung in

Deutschland – durch erneute Gewalt aber auch durch unsichere Lebensverhältnisse.

Interkultureller Dialog

Vor dem Hintergrund der Fremdheit und im Bewusstsein unterschiedlicher Sozialisationserfahrungen treten wir ein in den Dialog mit den Überlebenden, die häufig Spuren des Erlebten tragen. Eine gute Voraussetzung für einen solchen Dialog ist ein waches Interesse für das Fremde und die Bereitschaft aller Beteiligten, das Eigene und Gewohnte distanziert zu betrachten. Auch manche unserer Gewohnheiten sind für Angehörige anderer Kulturen befremdlich:

- Ständiger Blickkontakt ist ein wichtiges Merkmal unserer Kommunikation. Er gibt uns die Möglichkeit, vom Gegenüber ein permanentes Feedback zu den gesendeten Botschaften zu bekommen. Gleichzeitig können wir uns über die innere Präsenz des anderen vergewissern. In manchen Kulturen gilt es aber als respektlos, einem Kommunikationspartner und erst recht einem Höhergestellten direkt in die Augen zu schauen.
- Flankierend zu den verbalen Inhalten senden wir häufig Kommunikationssignale mit Informationen über unsere Gefühle. Wenn es in einer anderen Kultur nicht üblich ist, Gefühle zu zeigen, führt dies möglicherweise zu Missverständnissen über den Beziehungsaspekt der Kommunikation.
- Wir geben gerne die Hand zur Begrüßung. In manchen Kulturen gilt dies als Respektlosigkeit in einem frühen Stadium des Beziehungsaufbaus oder auch als unzulässige körperliche Nähe.
- Europäer reden gerne über Probleme, US-Amerikaner lieber über Lösungen. Schon das führt manchmal zu Missverständnissen. Ist aber in einer Kultur das direkte Ansprechen von Problemen tabuisiert, kann es gerade im Beratungsbereich zu großen Schwierigkeiten beim Beziehungsaufbau kommen. Hier ist es wichtig, am Anfang Zeit zu lassen für das Kennenlernen und für vertrauensbildende Maßnahmen, zu denen insbesondere der Blick auf die Ressourcen und Leistungen des Gegenübers gehört. Erst danach kann ausgelotet werden, inwieweit ein Ansprechen von Problem möglich ist.
- Seit 16 Jahren gilt in Deutschland das Gewaltverbot in der Erziehung. Trotz UN-Kinderrechtskonvention ist dies nicht weltweiter Standard. Gewalt in der Erziehung wird vielfach nicht nur als legitim, sondern auch als notwendig betrachtet. Gerade an diesem Punkt kommt es häufig zu Schwierigkeiten. So wandte vor einigen Jahren eine polnische Familie auf Initiative des Jugendamtes an das Beratungszentrum. Die Kinder waren durch blaue Flecken am Körper aufgefallen, die ihnen unbestritten von

> den Eltern zugefügt worden waren. Der Vater erklärte: »Bei uns ist die Grenze, dass Blut fließt. Wir haben verstanden, dass das hier anders ist, dass wir gar keine Gewalt anwenden dürfen. Nun erklären Sie uns aber bitte, wie man so Kinder erziehen kann.«

Gerade das letzte Beispiel zeigt, dass der interkulturelle Dialog nicht immer einfach ist. Seine Voraussetzung ist das zugewandte Interesse, das Verstehenwollen. Befremdliche Einstellungen sollten deshalb nicht als Ausdruck eines Defizits, sondern als eines Unterschiedes gesehen werden. Eine solche Würdigung des Unterschiedes bedeutet nicht, die betreffende Haltung gutzuheißen. Auch in anderen Kontexten kann verstehbar sein, aus welchen inneren und äußeren Motiven Eltern ihre Kinder schlagen, ohne dass damit die Gewalt toleriert wird.

Im Traumazentrum *Refugio* wurde die Methode des interkulturellen Pendelns (Abdallah-Steinkopf 2016) entwickelt. Die Gesprächspartner führen einen Dialog über die jeweiligen kulturellen Hintergründe einer Erziehungsmethode, erläutern sich gegenseitig, warum sie sich so verhalten und welche Bedeutung das im jeweiligen familiären und sozialen Kontext hat. Auch wenn ein Erziehungsverhalten in unserem Rechtssystem nicht legitim und damit das Gesprächsergebnis nicht beliebig ist, entsteht durch das Pendeln eine Kommunikationssituation, die Lösungsperspektiven eröffnet, die über das Entweder-Oder hinausreichen.

In weniger eindeutigen Situationen eröffnet die Methode auch die Möglichkeit, eigene Haltungen auf ihre kulturelle Gebundenheit zu reflektieren. So ist das hierzulande verbreitete Bestreben vieler Eltern, ihre Kleinkinder in eigenen Betten oder gar alleine in einem anderen Zimmer schlafen zu lassen, vor anderen kulturellen Hintergründen ein klarer Anhaltspunkt für eine Kindeswohlgefährdung.

Wie in vielen Kommunikationssituationen ist es auch im Dialog mit Geflüchteten sinnvoll, sich mit den jeweiligen Fremdbild zu beschäftigen: Wer bin ich für mein Gegenüber und wer ist mein Gegenüber für mich? So kann ein Berater als Retter erlebt werden, aber auch als gefährlicher Vertreter des Staates. Der Mut des Geflüchteten kann bewundert werden, aber auch die eigene Ängstlichkeit unangenehm bewusstmachen. Und Fremdheit kann als faszinierend, aber auch als gefährlich erlebt werden, zumindest im Hinblick auf sekundäre Traumatisierung. Von hoher Bedeutung ist auch ein Geschlechtsunterschied zwischen Berater und Klient, der die Arbeit erschweren, aber auch erleichtern kann – auf jeden Fall muss er im Hinblick auf mögliche Auswirkungen reflektiert werden.

Koentwicklungen und Synergien

Die kontinuierliche Arbeit mit Angehörigen anderer Kulturen macht die Arbeit nicht nur einfacher, sondern erweitert auch unser Wissen über andere Kulturen. Paul Friese (persönliche Mitteilung 2016) warnt aber vor der »Wissensfalle«. Auch wenn der Berater sich gut auskennt, sitzt sein bester Informant über die kulturellen Gegebenheiten gegenüber: Vor dem Hintergrund des Allgemeinen geht es immer um das Spezifische. Und je fremder ein System ist, umso größer ist die Gefahr, das bisschen, was man weiß, unzulässig zu generalisieren.

Für das Beratungs- und Jugendhilfezentrum Sankt Nikolaus hat sich durch die Gründung des psychosozialen Zentrums für Flucht und Trauma vieles verändert. Schon durch die Vorbereitung und Konzeptionierung des neuen Zentrums ist das Thema Flucht für alle Mitarbeiter/innen viel näher gerückt und erst recht durch den fachlichen Austausch und die Nähe zu den dort tätigen Kollegen. Die Zusammenarbeit im Einzelfall zwischen dem PSZ und den anderen Arbeitsbereichen eröffnet viele Optionen und Synergien:

- Eine im PSZ behandelte traumatisierte junge Erwachsene hat Schwierigkeiten, einen Ausbildungsplatz zu finden. Sie erhält Unterstützung von einer Kollegin der Jugendberufshilfe.
- Ein Schüler fällt einem Jobfux auf, weil er häufig fehlt, sehr reizbar ist und offensichtlich die Auswirkungen seiner Erlebnisse auf der Flucht verharmlost. Er geht mit ihm zu den Kollegen im PSZ, um die Möglichkeit einer Traumatisierung auszuloten.
- Ein Erziehungsbeistand arbeitet mit einem traumatisierten Jugendlichen. Er erhält von den Kolleginnen im PSZ Hinweise, wie er mit der Traumatisierung umgehen kann.
- Am Ende einer Traumatherapie wird sichtbar, dass es in der Familie des Mannes erhebliche Konflikte und Erziehungsprobleme gibt. Die Weiterarbeit erfolgt in Erziehungsberatung.

Die räumliche Nähe in der Außenstelle Bingen, in der seit Juli 2016 Mitarbeiter des PSZ, der Erziehungs- Ehe-, Familien und Lebensberatung und der Jugendberufshilfe auf einem Stockwerk tätig sind, zeigt bereits nach kurzer Zeit, wie sehr bei guter Kollegialität die räumliche Nähe das Zusammenarbeiten erleichtert.

Schon im ersten Jahr ist die Kompetenz des gesamten Beratungs- und Jugendhilfezentrums im Umgang mit traumatisierten Menschen stark gewachsen. Dies wird auch von außen wahrgenommen und zeigt sich in der Zunahme entsprechender Anfragen in allen Arbeitsbereichen nieder, auch in der Prävention. So hat die Erziehungsberatung ein Fortbildungsmodul für Kindertagesstätten entwickelt, die ihre Kompetenz im Umgang mit gefürchteten Kindern erweitern wollen. Weitere Projekte sind in Vorbereitung, zum Beispiel ein internationales Elterntraining.

Diese Entwicklung hat auch Auswirkungen auf die Zusammensetzung der Klientel der Erziehungsberatung. In den vergangenen Jahren gab es zwei Zeitpunkte, zu denen der Migrantenanteil stark angestiegen ist: 2013, nach der Entwicklung des interkulturellen Konzeptes im Jahr zuvor und 2015, im Jahr der Gründung des Psychosozialen Zentrums für Flucht und Trauma. Mittlerweile ist der Migrantenanteil in der Erziehungsberatung deutlich höher als der Ausländeranteil in der Stadt Mainz (16,2%, 2014). Ein aktueller Blick in das Wartezimmer der Offenen Sprechstunde der Mainzer Erziehungsberatung lässt für das Jahr 2016 eine weitere Steigerung erwarten. Mittlerweile ist der Migrantenanteil in der Erziehungsberatung deutlich höher als der Ausländeranteil in der Stadt Mainz (16,2%, 2014). Ein aktueller Blick in das Wartezimmer der Offenen Sprechstunde der Mainzer Erziehungsberatung lässt für das Jahr 2016 eine weitere Steigerung erwarten.

Jahr	**Anteil Migranten (Erziehungsberatung Mainz) in %**
2011	8,5
2012 (Interkulturelles Konzept)	3,8
2013	16,5
2014	15.3
2015 (Eröffnung PSZ)	28,3

Auch diese Entwicklung zeigt, dass die Erweiterung durch das Psychosoziale Zentrum für Flucht und Trauma das gesamte Beratungs- und Jugendhilfezentrum in der Umsetzung seines Leitbildes ein großes Stück weitergebracht hat:

»Jeder Mensch besitzt eine unvergängliche, unverhandelbare und von äußeren Umständen unabhängige Würde. Wir achten die Menschen, mit denen wir zu tun haben, als einzigartig und respektieren ihren individuell gewählten bzw. entstandenen Lebensweg – unabhängig von Religionszugehörigkeit, Herkunft und Aufenthaltsstatus, Alter und sexueller Orientierung. Dieses Ja zur Menschenwürde beinhaltet ein klares Nein zu jeder Form von Gewalt, Unterdrückung und Ausgrenzung. Als Schatzgräber suchen wir nach Talenten und Fähigkeiten.

Wir begegnen den Menschen mit Offenheit, Neugier und Zuversicht. Erst recht in Situationen von Scheitern und Misslingen nähren wir die Hoffnung, dass ein erfülltes Leben möglich ist. So sehen wir in Krisen nicht nur die Belastungen, sondern auch die Entwicklungsmöglichkeiten, die in ihnen stecken.

Wir streben Kommunikation in einem umfassenden Sinn an, die im Wesentlichen auf der Beziehungsgestaltung beruht und sowohl sprachliche als auch nichtsprachliche Aspekte beinhaltet. Wir möchten, dass die Menschen, mit denen wir zu tun haben, uns weitestgehend ›in ihrer Sprache reden hören‹ (Apostelgeschichte 2,6).

Wir richten den Blick auch auf die sozialen Systeme, in denen die Menschen leben. Ebenso wichtig wie die Entdeckung und Förderung von Umfeldressourcen ist uns der klare Blick darauf, wie Umfeldrestriktionen die Möglichkeit unserer Arbeit begrenzen. So vermeiden wir die Individualisierung gesellschaftlicher Problemlagen und setzen uns für Gerechtigkeit und Freiheit ein. Wir sehen Weltoffenheit und internationale Solidarität als adäquate Antwort auf die Globalisierung von Problemlagen.«

(Auszüge aus dem Leitbild des Beratungs- und Jugendhilfezentrums St. Nikolaus, Caritasverband Mainz e.V.)

Literatur

Abdallah-Steinkopf, Barbara (2016): Kultursensible Arbeit mit Flüchtlingsfamilien. Erziehungsberatung aktuell. Mitteilungen der LAG Erziehungsberatung Bayern, 1/2016, 26–38.

Borke, Jörn; Döge, Paula; Kärntner, Joscha (2011): Kulturelle Vielfalt bei Kindern in den ersten drei Lebensjahren. Anforderungen an frühpädagogische Fachkräfte. München: Deutsches Jugendinstitut.

Ehring, Thomas; Ehlers, Anke (2012): Trauma und Posttraumatische Belastungsstörung. Göttingen: Hogrefe.

Friese, Paul; Kluge, Irene (Hrsg.) (2000): Fremdheit in Beratung und Therapie. Erziehungsberatung und Migration. Fürth: Bundeskonferenz für Erziehungsberatung.

Hölzer, Sabine (2015): Kinder aus Flüchtlingsfamilien in Kindertagesstätten. Landesjugendamt Info Dezember 2015, 12–13.

Keller, Heidi (2011): Kinderalltag. Kulturen der Kindheit und ihre Bedeutung für Bindung, Bildung und Erziehung. Heidelberg: Springer.

Kleinz, Petra (2016): Frühe Hilfen für Flüchtlingskinder und Familien. Zeitschrift für Kindschaftsrecht und Jugendhilfe. 2016 (2), 52–55.

Krist, Marita u.a (Hrsg.). (2014): Herausforderung Trauma. Diagnosen, Interventionen und Kooperationen in der Erziehungsberatung. Weinheim und Basel: Beltz Juventa.

Otto, Hiltrud; Keller, Heidi (o.J): Bindung und Kultur. Niedersächsisches Ministerium für Wissenschaft und Kultur.

Utecht, Christine: (2014): Spuren im Sand. Transgenerationale Traumabehandlung im Sandspiel. in: Krist, Marita u.a (Hrsg.). (2014): Herausforderung Trauma. Diagnosen, Interventionen und Kooperationen in der Erziehungsberatung. Weinheim und Basel: Beltz Juventa, 18–207.

Fehr, Christoph; Kaiser, Ingrid (2016): Angebote der Jugendberufsagentur erfolgreich in das neu formierte »Caritas Beratungs- und Jugendhilfezentrum St. Nikolaus« integriert. Forum Pro Ausbildung Nr.15. 3–4.

Paul Friese, Bernd Hormuth

Teamentwicklung im Kontext Flucht und Trauma

In diesem Beitrag werden die Erfahrungen, die im Internationalen Familienzentrum (IFZ) in Frankfurt am Main seit 2014 gemacht wurden, dargestellt. Diese Erfahrungen speisen sich aus unterschiedlichen Quellen: zum einen aus der Erziehungs- und Familienberatungsstelle des IFZ, die seit Jahrzehnten interkulturell ausgerichtet ist und mit Fachkräften unterschiedlicher Herkunft und Sprache Beratungsarbeit mit Menschen mit und ohne Migrationshintergrund, auch mit Flüchtlingen, durchführt, zum anderen aus dem Bereich der stationären Jugendhilfe mit unbegleiteten minderjährigen Ausländern (umA), die im IFZ 2014 begann und seitdem kontinuierlich und mit einem breiten Angebotsspektrum ausgebaut wird.

Teamentwicklung in der interkulturellen Erziehungsberatungsstelle

Seit der Gründung der Erziehungs- und Familienberatungsstelle des IFZ in den 70er Jahren des letzten Jahrhunderts stand der Anspruch im Vordergrund, Ratsuchende mit Migrationshintergrund bedarfsgerecht mit Erziehungsberatung zu versorgen. Das bedeutet zum einen, ihnen die Möglichkeit zu geben, sich in Deutsch, ihrer Muttersprache oder einer dritten, gemeinsamen Verkehrssprache mit der Beratungsperson direkt, d.h. wenn möglich auch ohne Übersetzer/in zu verständigen. Zum anderen wurde und wird in der Personalentwicklung besonderer Wert darauf gelegt zu prüfen, in welchen Sprachbereichen die Versorgungslage von Familien mit Migrationshintergrund als problematisch und verbesserungswürdig angesehen wird. Das waren in den Gründerjahren vor allem die Herkunftsländer der Arbeitsimmigranten, immer wieder aber auch Länder, aus denen aufgrund ihrer prekären politischen Lage größere Fluchtbewegungen nach Deutschland zu verzeichnen waren.

Frankfurt am Main als ein Knotenpunkt des europäischen Verkehrs und als Stadt mit dem höchsten Anteil an ausländischen Einwohnern bzw. solchen mit Migrationshintergrund an der Gesamtbevölkerung erlebt in den letzten Jahren allerdings eine solche Diversifizierung an kultureller und sprachlicher Vielfalt, dass der Anspruch, eine adäquate sprachliche Versorgung der Beratungsklientel vorzuhalten, nicht nur für eine Beratungsstelle, sondern auch für die Beratungsstellen insgesamt nicht annähernd einlösbar ist. Dennoch bleibt der Wunsch, möglichst umfassend auch muttersprachliche Beratungen anzubieten, natürlich erhalten. In der Erziehungs-und Familienberatungsstelle des IFZ werden derzeit Beratungen in 10 verschiedenen Sprachen[6] durchgeführt. Da das IFZ mit über 400 Mitarbeitern in unterschiedlichen Arbeitsfeldern in den Bereichen Bildung, Betreuung, Beratung und psychosoziale Versorgung großen Wert darauf legt, alle Fachteams möglichst interkulturell zu besetzen, konnte ein vereinsinterner »Dolmetscherpool« gebildet werden, aus dem die Erziehungsberatungsstelle bei Bedarf auch Fachkräfte anderer Sprachen zur Sprach- und Kulturvermittlung in den Beratungen hinzuziehen kann.

Dass Deutsch auch in unserer Beratungsstelle die zentrale Kommunikationssprache ist, und deutsche Sprachkenntnisse der Ratsuchenden durch die Fachkräfte gefördert und wertgeschätzt werden, ist eine Selbstverständlichkeit. Genauso wird aber das Prinzip hochgehalten, dass die Ratsuchenden nach Möglichkeit selber entscheiden können sollten, in welcher Sprache sie die Beratung wahrnehmen möchten. Das kann erheblich zu einer Verringerung der Vorbehalte, eine Beratungsstelle in Anspruch zu nehmen, beitragen und eröffnet den Ratsuchenden die Möglichkeit, ihre Anliegen in der Sprache, die ihnen auch emotional am vertrautesten ist, anzusprechen.

Die Sprachenvielfalt in einem Team mit weniger als 4,5 Vollzeitstellen zu gewährleisten, bedeutet, dass viele Fachkräfte innerhalb der Beratungsstelle mit geringeren Zeitdeputaten tätig sind, oft aber auch mit anderen Aufgaben innerhalb des IFZ betraut sind. Den Zusammenhalt im Fachteam der Beratungsstelle unter diesen Rahmenbedingungen zu fördern und stabil zu halten, ist eine zentrale Aufgabe der Teamleitung und wesentlicher Bestandteil der Personalentwicklung. Dabei haben sich einige Faktoren als besonders förderlich für die Teamentwicklung herausgestellt:

- Die kultursensible Beratungsarbeit mit Menschen mit und ohne Migrationshintergrund ist zentrales Anliegen aller Teammitglieder und stellt eine strukturelle Besonderheit dar, die im Team und im gesamten Verein besondere Wertschätzung erfährt und auch von außen als solche wahrgenommen und geschätzt wird.
- Die multikulturelle Zusammensetzung des Teams führt fast selbstverständlich dazu, dass migrationspsychologische Fragestellungen, migrationspolitische Entwicklungen und gesellschaftliche Ereignisse zu dieser

6 Arabisch, Bosnisch, Bulgarisch, Englisch, Griechisch, Italienisch, Kroatisch, Serbisch, Spanisch, Tamazight, Türkisch

Thematik im Team diskutiert und in die konzeptionelle Weiterentwicklung integriert werden. So war die aktuelle Fluchtbewegung natürlich von Beginn an Thema im Team der Beratungsstelle, auch wenn die Arbeit mit Flüchtlingen in den Jahren zuvor keinen bedeutsamen Anteil in der Beratung eingenommen hatte.

- Da alle Teammitglieder mit Migrationsklientel arbeiten, entstehen keine unangemessenen Spezialisierungen innerhalb des Teams. Die Beratungstätigkeit mit Migrationsfamilien steht in der Verantwortung aller Fachkräfte. Diejenigen von ihnen, die nur in deutscher Sprache beraten, profitieren von der Aura der Beratungsstelle gerade in der Arbeit mit Migrationsklientel.
- Wir sind bemüht dafür zu sorgen, dass alle fremdsprachigen Fachkräfte nicht ausschließlich mit muttersprachlicher Beratung beschäftigt sind, sondern auch mit Ratsuchenden in deutscher Sprache arbeiten. Das erleichtert ihnen oft auch die intergenerationale Beratungsarbeit mit Migrationsfamilien. Und es verankert im Selbstverständnis des Teams das Bewusstsein, dass alle primär Fachleute und zusätzlich Sprachrepräsentanten sind.
- Das interkulturelle Team als Mikrokosmos der gesellschaftlichen Realität regt die multiperspektivische Betrachtung (interkulturell, interreligiös, migrationssensibel, politisch) in der Fallarbeit an, fördert die Offenheit für neue Erfahrungen und Beratungsstrategien und führt zu Respekt gegenüber divergierenden Lebensentwürfe, Normen und Werthaltungen über die jeweils eigenen Haltungen hinaus.

Die interkulturelle Erziehungs- und Familienberatungsstelle des IFZ war immer wieder mit der Aufgabe konfrontiert, sich beraterisch auf Flüchtlingsklientel einzustellen. Ob Chile in den 70er Jahren, der Separationskrieg in Eritrea in den 80er Jahren oder der Bürgerkrieg in Jugoslawien, all diese Kriege und politischen Krisen haben Fluchtbewegungen ausgelöst, die Auswirkungen auf die Klientel der Beratungsstelle hatten. Auch die Zunahme von Ratsuchenden aus verschiedenen afrikanischen Ländern in den letzten Jahren ist sehr oft im Kontext von Flucht und Vertreibung zu sehen.

Die Entwicklung der Erziehungsberatungsaktivitäten mit Flüchtlingen konnte über das Mitwirken von Fachkräften der Beratungsstelle in den vor Ort tätigen Flüchtlingsinitiativen und in den Aufnahmeeinrichtungen für Flüchtlinge im Stadtteil gestaltet werden. Dabei wirkt sich die Mitwirkung der fremdsprachigen Mitarbeiterinnen (vor allem Arabisch und Englisch, teilweise auch Türkisch) erleichternd und sehr kontaktförderlich aus, weil die Kommunikation über drängende psychosoziale Fragen nicht durch die Hinzuziehung von Sprachmittlern irritiert oder beeinträchtigt wird. Die direkte Kommunikation wird von den Klienten als entlastend und vertrauensfördernd erlebt. Die erleichterte Kommunikation kann allerdings auch leicht zu zusätzlichen Belastungen führen, weil die Ratsuchenden mit ihren multiplen Problemen und Fragestellungen und die Institutionen und Flüchtlingsinitiativen immer wieder auf die sprachkompetenten Fachkräfte zukommen, auch in alltagspraktischen Fragen (z.B. Schulanmeldung, Essensversorgung während des Ramadan), mit der Bitte um Begleitung zu Ämtern und Institutionen etc. Das überfordert schnell die zeitlichen Ressourcen, die ihnen zur Verfügung stehen.

Die Möglichkeit, seitens der Erziehungsberatungsstelle in der Betreuung und psychosozialen Versorgung von Flüchtlingsfamilien mitzuwirken, ist angesichts der Vielfalt der Aufgaben und Fragestellungen und auch der Notwendigkeit, koordiniert und ganzheitlich Lösungen zu entwickeln, ohne zusätzliche personelle Ressourcen sehr begrenzt. Die Not und die vielfältigen Bedarfe der Klientel bringen die Mitarbeiter/innen sehr schnell in die Situation, über die zur Verfügung stehenden Zeitkontingente hinaus aus persönlichem Engagement in der eigenen Freizeit mehr Unterstützung anzubieten, als man sich kräftemäßig leisten kann. Das bedeutet auch, dass das Team der Beratungsstelle gut in die Arbeit mit Flüchtlingsfamilien eingebunden sein muss und den unmittelbar betroffenen Teammitgliedern ein wichtiges Korrektiv sein kann, Belastungssituationen zu besprechen und individuelle Überforderungen zu reduzieren.

Die neuen Herausforderungen, die auf die Erziehungsberatungsstellen durch die Arbeit mit Flüchtlingen absehbar zukommen werden, mit dem bestehenden Personal zu bewältigen, ist sicher unmöglich. Für die neuen Aufgaben, angemessene Konzepte für Beratung, präventive Arbeit und Vernetzung für die Flüchtlingsarbeit zu entwickeln und diese umzusetzen, benötigen wir eine bessere finanzielle Ausstattung, sowohl für die Teamentwicklung, als auch personelle Erweiterungen und Unterstützungssysteme (z.B. Aufbau eines Dolmetscherpools speziell für psychosoziale Fragestellungen), wenn wir uns der Flüchtlingsthematik angemessen und fachlich fundiert widmen wollen.

Teamentwicklung in der stationären Jugendhilfe des IFZ

Der Aufbau der stationären Jugendhilfe im IFZ steht in unmittelbarem Zusammenhang mit der Zunahme der Einreisen von Menschen mit Fluchthintergrund seit dem Jahr 2014. Damals war Frankfurt am Main neben Gießen die zentrale Stadt Hessens zur Erstversorgung von Jugendlichen in stationären Jugendhilfeeinrichtungen. Unbegleitete Minderjährige, die in Hessen im Rahmen der Inobhutnahmepflicht der Jugendämter zu betreuen waren, wurden zentral in Frankfurt in für diese Zielgruppe spezialisierten stationären Einrichtungen versorgt. Die Zunahme der Einreisen konnte mit den bis 2014 vorhandenen Plätzen allein nicht bewältigt werden. Deshalb mussten teilweise von »heute auf morgen« Notkonstrukte geschaffen werden, die zumindest ansatzweise dem Bedarf der jungen Menschen gerecht wurden. Dieser anfängliche Druck, ohne Vorbereitungsmaßnahmen zum einen die Jugendlichen mit dem Notwendigsten zu versorgen und gleichzeitig eine neue und funktionale Organisationsstruktur aufzubauen, prägte sämtliche Notkonstrukte in Frankfurt und vor allem die Teamentwicklung in den Einrichtungen der stationären Jugendhilfe:

Es mussten schnellstmöglich Fachkräfte akquiriert werden, die unmittelbar in die Betreuung von Jugendlichen einsteigen konnten. Dies waren in erster Linie Berufseinsteiger/innen ohne langjährige Erfahrung in der Jugendhilfe, eine gezielte Auswahl von Menschen, die eine große Bandbreite unterschiedlicher kultureller, sprachlicher oder religiöser Hintergründe mitbrachten, konnte nur in Einzelfällen stattfinden. Dies galt auch für die Leitungen der Einrichtungen; erfahrene Leitungskräfte waren auf dem Arbeitsmarkt kaum verfügbar. Dennoch zeichneten sich die Leitungskräfte und die Mitarbeiter/innen durch ein überdurchschnittliches Maß an Motivation, mit der Zielgruppe zu arbeiten, aus. Dies kann rückblickend als entscheidender Faktor für eine außerordentlich gute Arbeit in den Wohngruppen bezeichnet werden.

Der Aufbau der Struktur, der Organisation des Alltags in der stationären Jugendhilfe wie auch die Teamentwicklung entstand zu einem großen Anteil provisorisch, nebenbei, und vor allem ohne große Planung. Deshalb mussten die spontan entstandenen Abläufe Schritt für Schritt gesteuert, kontinuierlich verbessert und insgesamt dem Qualitätsstandard des IFZ angepasst werden. Dies geschah in erster Linie durch eine Intensivierung der Teamsitzungen, in denen schnell umsetzbare Lösungen für die jeweils auftretenden Probleme gefunden werden mussten. Neben organisatorischen Fragen standen für die Teams der stationären Einrichtungen vor allem folgende Themen im Fokus:

- *Umgang mit traumatisierten Menschen*
  Was bedeutet es für ein Team, das neu entstanden ist, unmittelbar in die Arbeit mit traumatisierten Menschen einzusteigen? Welche kurz-, mittel-

und langfristigen Interventionsmöglichkeiten stehen zur Verfügung? Wo können schnell unmittelbar umsetzbare Techniken erworben werden?

- *Verbesserung der Abläufe*
  Wo hakte es? Was ist schief gelaufen? Wie kann ein positives Fehlermanagement umgesetzt werden?

- *Aufbau von Netzwerken*
  Von der Kooperation mit welchen Institutionen und welchen Fachkräften können wir profitieren? Wie stellen wir eine Zusammenarbeit her?

- *Ressourcen*
  Wie können wir unsere Zusammenarbeit effektiver gestalten? Wo können wir uns weitere Unterstützung holen? Wie können wir die in der Bevölkerung vorhandene Motivation zur Entlastung für unsere Aufgabenbewältigung nutzen?

- *Interkulturalität*
  Welche Werte sind uns wichtig? Was vermitteln wir? Was ist unser Auftrag? Wie verhalten wir uns in Bezug auf kultur- und religionsspezifische Bedürfnisse unserer Betreuten?

- *Konzept*
  Welche Methode in der Arbeit mit Menschen ist uns wichtig? Welcher Ansatz in der pädagogischen Arbeit wird den Bedürfnissen von Jugendlichen mit Fluchthintergrund gerecht? Wie arbeiten wir nachhaltig?

Neben dem Anspruch, dem Hilfebedarf der jungen Menschen gerecht zu werden, stand und steht bis heute die Offenheit für neue Ansätze und Methoden im Zentrum der Teambesprechungen und Klausurtage. Dieser ungebrochenen Motivationshaltung war es vor allem zu verdanken, dass über die Monate eine intensive Auseinandersetzung über die dargestellten Punkte möglich war.

Resilienzfaktor Beziehung und Kommunikation

»Resilient zu werden heißt, an der alles entscheidenden Grundlage für Gesundheit zu arbeiten: an der Fähigkeit, Beziehungen richtig zu gestalten – sowohl zu sich selbst wie zu seiner Umwelt-, und so das Fundament für ein gesundes und leistungsstarkes Leben zu legen« (Prieß 2015, S.13).

Mirriam Prieß nennt mit diesem Satz in ihrem Buch »Resilienz – Das Geheimnis innerer Stärke« einen wichtigen Faktor, den Menschen benötigen, um möglichst gesund schwierige Situationen zu überstehen: den Faktor Beziehung und Beziehungsfähigkeit. Die Bildung tragfähiger Beziehungen ist nicht nur für die Gesunderhaltung von Menschen sondern auch für die Leistungsfähigkeit einer Gruppe maßgebend. Ein Team kann nur dann als Einheit agieren, wenn diese Einheit auf der Verknüpfung von tragfähigen Beziehungen basiert. Hierfür kommt der Kommunikation und dem Umgang miteinander sicherlich die entscheidende Rolle zu.

Gerade am Anfang, während der Bildung eines Teams, wird der Grundstein für eine gute Teamstruktur gelegt. Es ist wichtig, dass das Klima in einem Team von Beginn an positiv gestaltet wird und Kommunikation genügend Raum erhält, auch, um Missverständnissen vorzubeugen. Vor dem Aspekt der Arbeit mit Menschen ist es unerlässlich, eine Kommunikationskultur zu schaffen, die neben dem Austausch von Informationen die Beziehungsebene fokussiert, und den Umgang mit Kommunikation zu diskutieren und zu hinterfragen. Kommunikationsstrukturen sind in der Sozialen Arbeit die Basis für eine gute Arbeit.

Wichtige Themen in der Kommunikationsgestaltung

- Unterscheidung von Sach- und Beziehungsebene
- Kommunikationswege
- Kommunikationsregeln
- Gegenseitige Werteklärung als Grundlage des Verstehens

Eine gute Möglichkeit, diese Themen in der Praxis zu fokussieren, sind Übungen, die einen erlebnispädagogischen Grundgedanken verfolgen. Es gilt, ein Erlebnis bewusst einzuleiten und den Lernprozess damit zu unterstützen und zu steuern und nicht nur dem Zufall zu überlassen. Durch diese Übungen (siehe Seite 114f.) wird ein Rahmen geschaffen, der unterschiedliche Aspekte von Kommunikation erleben und in einer Reflexion des Geschehenen, die bei diesen Übungen unabdingbar ist, festigen lässt.

Übungsempfehlungen

Taxifahrerübung
Ziel: Überwinden von kommunikativen Grenzen, divergentes Kommunizieren.

Dauer: ca. 25 Minuten (5 Minuten Einleitung, je 10 Minuten Spiel und Auswertung).

Die Übung wird mit je 2 Mitspielern durchgeführt, die Rücken an Rücken sitzen. Ein Spieler ist Taxifahrer, der andere Taxizentrale Jeder Mitspieler erhält einen Stadtplan, diese Pläne sind jedoch spiegelverkehrt (darum kein Sichtkontakt). Die jeweiligen Spielgruppen sollten in einiger Entfernung zueinander agieren, um sich nicht gegenseitig zu irritieren.

Rahmenhandlung für die Anleitung
Der Taxifahrer befindet sich in einer Gegend, in der er sich nicht auskennt. Das Navigationssystem ist ausgefallen, auch andere elektronische Navigationshilfen stehen nicht zur Verfügung. Daher ruft er die Leitzentrale und bittet darum, zu seinem nächsten Kunden geleitet zu werden.

Der Taxifahrer muss der Leitzentrale seinen Standort beschreiben, der im Plan markiert ist (in einer vereinfachten Form der Übung kann der Standort des Taxis in beiden Plänen markiert sein). Die Zentrale muss den Fahrer jetzt per Anweisung zu seinem nächsten Kunden leiten und danach zum Ziel der nächsten Fahrt (beide Ziele sind nur in dem Plan der Taxizentrale markiert). Dabei darf die Leitstelle nur anhand der Himmelsrichtung und des Straßenverlaufs lotsen, nicht mit Hinweisen auf geografische oder bauliche Besonderheiten der Umgebung.

Das Taxi wird erst zum nächsten Kunden und dann zu dessen Ziel gelotst.

Auswertung
In Spielgruppen, in denen erkannt wird, dass die Pläne spiegelverkehrt sind, kann dann leicht eine Vereinbarung über das Erreichen der Ziele erlangt werden. In Gruppen, die dies nicht erkennen, können Kämpfe um die Deutungshoheit ausgetragen werden, was zu Erregtheit, Aggressivität und Frustration führen kann. Das entspricht dem Verhalten in ganz anderen Kommunikationssituationen, wo Nicht-Verständigung auch zu Aggression führen kann. Dies ist in der Auswertung der Spielsequenzen herauszuarbeiten, um auch für Spieler, die die Übung nicht mit einem Erfolgserlebnis beenden konnten, eine gute Auflösung der Spielsituation zu erreichen.

Als Kernaussage der Übung steht im Mittelpunkt, dass das Eingehen auf Kommunikation und Sichtweisen des Kommunikationspartners und das Hinterfragen der eigenen Position die besten Voraussetzungen für eine gelingende Kommunikation schaffen.

Bullring

Die Aufgabe der Gruppe besteht darin, einen Ball, ohne diesen zu berühren, von einem Ausgangspunkt (z.B. Flasche) über einen vorgegebenen Parcours (durch eine Tür, eine Treppe, etc.) zurück zum Ausgangspunkt zu transportieren.

Ziel: Kommunikation als Grundlage der Teamentwicklung üben

Dauer: je nach Parourslänge ca. 20 bis 30 Minuten (5 Minuten Einleitung, 25–30 Minuten Spiel und Auswertung)

Ein Ball (Tennisball) liegt auf einem Ring (Metallring), an dem Schnüre befestigt sind. Die Teammitglieder sind im Kreis aufgestellt und halten jeweils eine der Schnüre, die an dem Ring in der Mitte des Kreises befestigt sind. Der Ball darf nicht angefasst werden und nicht vom Ring fallen.

Nur durch exakte Absprache und gute Koordination der Bewegungen kann es gelingen, den Ball zu transportieren, ohne dass er dabei zu Boden fällt.

Die Übung kann durch das Verbinden der Augen einzelner Teammitglieder erschwert werden bzw. besondere Aspekte (Rollenverständnis – aktive oder passive Rolle einnehmen) in den Fokus der Übung gerückt werden.

Auswertung

Welche Rolle wird während der Übung eingenommen? Wie fühlt es sich an, sowohl eine aktive als auch eine passive Rolle zu übernehmen? Wie hat Kommunikation stattgefunden? Welche Kommunikationsregeln sind für das Funktionieren der Übung wichtig?

Die erarbeiteten Regeln können als Grundlage für die praktische Zusammenarbeit genutzt und umgesetzt werden.

Gerade in der pädagogischen Arbeit mit hoch belasteten Menschen muss der Teamentwicklung ein hoher Stellenwert eingeräumt werden. Gruppendynamische Prozesse sind steuerbar. Sie sollten positiv gestaltet werden. Dies erfordert Zeit und nicht zuletzt auch finanzielle Ressourcen. Neben Besprechungen und Klausurtagen ist vor allem die Schaffung alltäglicher Strukturen wichtig, um die Teamentwicklung positiv zu fördern. Etablieren sich diese Strukturen, kann eine gute Kommunikationskultur entstehen, die für die Gesunderhaltung und damit die Leistungsfähigkeit eines Teams maßgebend ist.

Literatur

Prieß, Mirriam (2015): Resilienz – Das Geheimnis innerer Stärke. München: Südwest.

Franz Dorner

Gemeinsam für Flüchtlinge in Not

Willkommen in Regensburg: Ein Netzwerk der Hilfen

Wir erleben in erschütternder Intensität und wachsendem Ausmaß, dass sich Menschen gezwungen sehen, ihre Heimat zu verlassen und in der Fremde Schutz und Sicherheit zu suchen. Statt der Anfang des Jahres 2014 prognostizierten 21 000 waren es zum Jahresende rund 36 000 Neuankömmlinge in Bayern, genau doppelt so viele wie 2013. Im Jahr 2015 kamen 159 765 Asylbewerber/innen nach Bayern (Quelle: Bayerisches Staatsministerium für Arbeit und Soziales, Familie und Integration). Diese Menschen sind vielfach an Leib und Leben gefährdet und von existenzbedrohender Armut gepeinigt.

Die aktuell – aufgrund zahlreicher politischer, ethnischer, religiöser und weltanschaulicher Krisenherde und Kriegsschauplätze insbesondere in Syrien, in Somalia und in Afghanistan – verschärfte weltweite Flüchtlingstragödie geht an Regensburg nicht vorbei. Es ist eine Frage der innerstaatlichen Lastentragung in Deutschland bzw. Bayern, vor allem aber der mitmenschlichen Solidarität, dass sich die Stadt Regensburg und ihre Bürgerschaft angesichts einer vielfach unermesslichen Not von Menschen engagiert und einen Beitrag zu einer menschenwürdigen Problembewältigung leistet.

Konzertierte Aktion »Regensburg hilft«: Das 4-Säulen-Modell

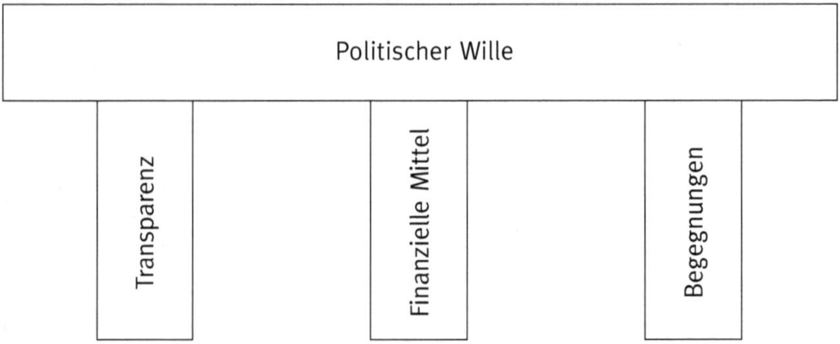

Säule 1: Politischer Wille

Joachim Wolbergs sah sich als Oberbürgermeister einer weltoffenen, ethnisch und kulturell vielfältigen Stadt und auch persönlich verantwortlich, eine konzertierte Aktion »Regensburg hilft« der gesamten Stadtgesellschaft auf den Weg zu bringen. Er lud zum 6. Oktober 2014 Wohlfahrtsorganisationen, Kirchen, Verbände, Vereine, sozial engagierte Einzelpersonen und die unmittelbar befassten Ämter und Dienststellen der Stadtverwaltung zu einem »Flüchtlingsgipfel« als Auftaktveranstaltung ein. Der Einladung folgte ein erfreulich großer und breit verorteter Teilnehmerkreis. Die Überzeugung des Oberbürgermeisters und sein Appell, »Menschen, die als Flüchtlinge nach Regensburg kommen, sind herzlich willkommen und sollen in unserer Stadt Freundlichkeit, Schutz und Sicherheit erfahren«, erhielt die deutliche Zustimmung aller teilnehmenden Organisationen und Personen.

Der allgemeine öffentliche Aufruf »Regensburg hilft« fand eine überwältigende Resonanz. Es gingen bei der Stadtverwaltung über 800 Unterstützungs- und Mitwirkungsangebote ein. Sehr viele Familien und Einzelpersonen haben sich gemeldet, die als Paten, Dolmetscher oder für sonstige ehrenamtliche Tätigkeiten zur Verfügung stehen. Zahlreiche Organisationen und Initiativgruppen sind generell zur Mitarbeit bereit oder haben bereits Ideen entwickelt, welche Aufgaben sie übernehmen möchten.

Säule 2: Transparenz

Dem Oberbürgermeister war es noch vor der großen Flüchtlingswelle im Sommer 2015 eine Herzensangelegenheit, die Regensburger Bürgerschaft von der geplanten Willkommenskultur zu überzeugen. Auf die Menschen zuzugehen, ihre Ängste vor dem Neuen, dem Fremden ernst zu nehmen, ihr persönliches, soziales Engagement zu fördern und den Menschen ehrlich und zeitnah mitzuteilen, was es für die Stadt Regensburg bedeutet, Geflüchtete aufzunehmen, war ihm von Anfang an sehr wichtig. In zahlreichen Bürgerinformationsveranstaltungen erläuterte er, in welchen Stadtteilen Gemeinschaftsunterkünfte mit wie vielen Asylbewerber/innen geschaffen werden und wie das Sicherheitskonzept aussieht oder die jeweilige Infrastruktur zu organisieren sei. Bürgerängste und -fragen waren zentrale Inhalte der Bürgerversammlungen.

Säule 3: Finanzielle Mittel

Angesichts der umfänglichen und vielfältigen Resonanz und der zu erwartenden hohen Flüchtlingszahlen ergab sich zwingend die Herausforderung, das angebotene Engagement in einer funktionsfähigen Struktur zu bündeln, leistungsbereite und -fähige Kooperationspartner/innen für die wesentlichen Strukturelemente zu finden und diese Aufgabenfelder dann zügig aufzubauen, zu qualifizieren und durch fachliche Begleitung nachhaltig zu sichern. Es war klar, dass es eine Willkommenskultur und die künftige Integration von Geflüchteten nicht zum Nulltarif geben kann. Dennoch hat die Stadt Regensburg noch vor der endgültigen Klärung, wer für die Kosten der Aufnahme von Asylbewerber/innen aufkommen würde, mit ihrem Oberbürgermeister an der Spitze eine herzliche, unbürokratische und pragmatische Flüchtlingspolitik entwickelt. In diesen Anfangszeiten wurde der Begriff »hemdsärmelig« geprägt und häufig strapaziert. Auf sympathische und für behördliche Verhältnisse eher ungewohnte Art wurde von Ehren- und Hauptamtlichen einfach das getan, was in dem Moment getan werden musste; den Fremden zeigen, dass sie hier in Regensburg willkommen sind und nach langer Flucht auf Schutz und Sicherheit vertrauen können. Ein enormer finanzieller Aufwand zur Steuerung der Flüchtlingsproblematik und Aufbau von ehren- und hauptamtlichen Strukturen wurde in Kauf genommen.

Säule 4: Begegnungen

Das Konzept »Willkommen in Regensburg – Gemeinsam für Flüchtlinge in Not« kann aber nur gelingen, wenn die Menschen aufeinander zugehen. Begegnungen schaffen, Beziehungen aufbauen, sich gegenseitig kennenlernen und neugierig auf das jeweils Fremde sein, sind Ansporn und Garant für das Gelingen einer ehrlichen Willkommenskultur und nachhaltigen Integration. Auch hier ging der Oberbürgermeister mit bestem Beispiel voran. Er besuchte die Geflüchteten in den Unterkünften, suchte das Gespräch mit ihnen und hatte ein offenes Ohr für deren Ängste und Sorgen.

Im Sommer 2015 wurde unter Federführung des Evangelischen Bildungswerkes (EBW) ein interkulturelles Willkommensfest mit Asylbewerber/innen, Ehren- und Hauptamtlichen aus sozialen Verbänden und der Stadtverwaltung gefeiert. Kulinarische Köstlichkeiten internationaler Küche, kulturelle Beiträge wie Musik und Lesungen sowie natürlich zahlreiche Gespräche zwischen den »Einheimischen« und »Fremden« prägten die ausgelassene und friedliche Stimmung des Festes. Es war ein erstes positives und sichtbares Ergebnis einer gelebten Willkommenskultur in Regensburg. An diesem Abend ging wahrscheinlich der Großteil der Menschen mit dem Gefühl nach Hause: Ja, wir schaffen das!

Entwicklung von Konzepten für eine gelingende Willkommenskultur

Im 4-Säulen-Modell wird dargestellt, welche Komponenten es braucht, um Rahmenbedingungen für eine gelingende Integration und positive Aufnahme von Geflüchteten zu schaffen. Es mussten nun aber konkrete Überlegungen angestellt werden, mit welchem umsetzbaren Konzept diese Ziele auch realisiert werden könnten.

Die Konzepterstellung und -entwicklung unterlag klar definierten Voraussetzungen, Rahmenbedingungen und Zielen, die zu beachten bzw. umzusetzen sind. Im Einzelnen bestehen insbesondere folgende Maßgaben:

- Das Konzept bezog sich vorrangig auf sämtliche Gemeinschaftsunterkünfte mit längerfristigem Verbleib der Geflüchteten, die dort untergebracht werden oder schon länger dort lebten. Es betrifft nicht Notfallunterbringungen bzw. vorläufige Erstaufnahmen, die nur kurze Zeit in Regensburg bleiben.
- Es sollten alle Organisationen und Stellen in die Umsetzung des Konzeptes einbezogen werden, die sich beteiligen wollten. »Regensburg hilft« war nicht nur als Hilfesystem der Stadtverwaltung gedacht, sondern als abgestimmtes Netzwerk der gesamten Stadtgesellschaft.
- Der Erstentwurf des Konzeptes ist hinsichtlich der Beteiligung fortzuschreiben. Organisationseinheiten der Stadtverwaltung können sich entsprechend auch künftig einbringen, genauso wie weitere externe Organisationen und Stellen.
- Kern des Konzeptes sollten die drei Aufgabenfelder sein: Patenschaftsmodell, Dolmetscherdienste und sonstiges ehrenamtliches Engagement.

Das Patenschaftsmodell: Tandems fahren durch Regensburg

Aus den Erfahrungen und Überlegungen, wie wichtig Begegnungen und Bindungen zwischen den »Einheimischen« und Geflüchteten sind, erschien es erstrebenswert, diesen Menschen Kümmerer an die Hand zu geben, die ihnen helfen, sich in der neuen Umgebung zu orientieren. Wir nannten das »Patenschaften für Flüchtlinge«. Ziel war es in erster Linie, Brücken zu bauen und zum kulturellen Austausch anzuregen.

Eine Patenschaft ist als »Tandem« mit einer Flüchtlingsperson aber auch mit einer ganzen Familie möglich. Ebenso können Paten oder Patinnen als Einzelpersonen, Paare oder ganze Familie fungieren. Hierbei begleitet der Pate/die Patin die Familie durch den (behördlichen) Alltag und gestaltet Freizeitaktivitäten.

Gleichzeitig wurde die Erfahrung gemacht, dass eine Patenschaft für die Ehrenamtlichen selbst eine Bereicherung ist. Aus den Begegnungen mit den Menschen, denen sie helfen, nehmen sie viel für sich selbst mit. Gelegentlich sind schon Freundschaften entstanden. Mitte 2016 gab es fast 100 Patenschaften in Regensburg

Wie wird man Pate?

- Anruf bei einer zentralen Vermittlungsstelle (Amt für Jugend und Familie oder Amt für Integration und Migration) und Vereinbarung eines »Patenschaftsinterviews«.
- Erstellen eines Profils der möglichen Paten/Patinnen und Asylbewerber/innen.
- Fachkraft führt mit den Paten- und Flüchtlingsfamilien Einzelgespräche zur Abklärung gegenseitiger Erwartungen und Vorstellungen mit dem Ziel, die »richtigen« Paten/Patinnen und Flüchtlingsfamilien zusammenzubringen.
- Vorlegen eines erweiterten polizeilichen Führungszeugnisses
- Fachkraft macht dann Paten- und Flüchtlingsfamilien miteinander bekannt.

Angebote für Paten

- Die Stadt Regensburg bietet in Kooperation mit dem Evangelischen Bildungswerk (EBW) und der Volkshochschule (VHS) Fortbildungen für Flüchtlingspaten an (z.B. Rechtliche Fragen über Asyl, Ausländerrecht; Fluchtursachen und Hintergründe; Interkulturelle Kompetenzen fördern, Traumafolgen bei Flüchtlingen; Meine Rolle als Ehrenamtlicher etc.)
- Offene Gesprächsrunden: Einmal monatlich können sich die aktiven Paten zu einem Erfahrungsaustausch treffen, der von einer hauptamtlichen Person moderiert wird.

Die Vielfalt einer Patenschaft

- Begleitung bei Behördengängen
- Begleitung bei Arzt- und Krankenhausbesuchen
- Begleitung zum Einkaufen
- Unterstützung bei Fragen zu Alltagsproblemen
- Gemeinsamer Stadtbummel oder Busfahrt zur Orientierung in einer fremden Umgebung
- Gemeinsame Ausflüge in die nähere Umgebung, Erkundung von Einrichtungen und Plätzen für Familien (z.B. Familienzentren, Kinder- und Jugendfarm, öffentliche Grillplätze)
- Mit Kindern in der Familie spielen und Besuch von Spielplätzen
- Freizeit- und Ferienangebote mit Kindern besuchen oder organisieren

- Schwimmkurse und Fahrradkurse ermöglichen bzw. organisieren
- Hausaufgabenhilfe für Kinder
- Vermittlung von Deutschkursen für Erwachsene
- Vorlesestunden (zu Hause oder in Bibliotheken und Buchhandlungen)
- Gemeinsames Kochen und Essen
- Gemeinsam öffentliche Feste und Veranstaltungen besuchen
- Familienanschluss ermöglichen

Ehrenamtliche Dolmetscherdienste und sonstige ehrenamtliche Aktivitäten
Im Ehrenamtskonzept der Stadt Regensburg wurde neben dem Patenschaftsmodell ein ehrenamtlicher Dolmetscherdienst etabliert. Die Geflüchteten befinden sich in Regensburg in einem fremden Land mit einer fremden Sprache. Es sind alle Anstrengungen zu unternehmen, dass die neuen Mitbürger/innen ohne Verzögerung Sprachkenntnisse erlangen können, weil Sprache das vorrangige Instrument zur allmählichen Beheimatung und zu gelingender Integration ist. Zunächst freilich sind die Geflüchteten zur Alltagsbewältigung in vielfacher Weise auf einfühlende Dolmetscherdienste angewiesen. Die Stadt Regensburg bemüht sich deshalb im Zusammenwirken mit der Freiwilligenagentur und Organisationen der Regensburger Flüchtlingshilfe um ehrenamtliche Dolmetscher/innen mit einschlägigen Sprachkenntnissen.

Sonstige ehrenamtliche Aktivitäten
Darüber hinaus wird Raum für weitere Aktivitäten geschaffen. Nicht nur Einzelpersonen, sondern viele Vereine und Verbände (z.B. Caritas, katholische und evangelische Gemeinden, Sportvereine, Campus Asyl, Pro Asyl u.v.m.) haben ein Netz mannigfaltiger Ideen gesponnen, z.B. günstige Mitgliedschaften in Vereinen, Chöre und Bands (»Zukunftsmusik«), Interkulturelle (Willkommens-) Feste, Café für Flüchtlingsfrauen, Sport, Fahrradkurse, Selbstverteidigung, Schwimmkurse etc.

Zusammenfassung und Ausblick der Regensburger Willkommenskultur und des Netzwerkes der Hilfen

Eine von hunderten Personen und Verbänden getragene und geprägte Willkommenskultur in Regensburg ist bislang stärker als die immer lauter werdenden medialen und politischen Zweifel, ob »wir das wirklich schaffen können«. Das Zusammenwirken von politischem Willen, engagierten Ehrenamtlichen und Hauptamtlichen, die Strukturen für die Hilfen schaffen und dafür sorgen, dass die Ehrenamtlichen auch fachlich begleitet werden, sind die Grundvoraussetzung für das Gelingen einer Integration.

Die Geflüchteten werden im wahrsten Sinne des Wortes abgeholt zur Integration in der »neuen Heimat Regensburg«. Damit dies auch nachhaltig gelingen kann, haben wir die »4 B« entwickelt:

- Bildung
- Bindung
- Bewegung und
- Beschäftigung.

Wenn das sowohl mit Ernsthaftigkeit als auch mit einer menschenfreundlichen Leichtigkeit betrieben wird, können wir das tatsächlich schaffen.

Autorinnen und Autoren

Franz Dorner Diplom-Sozialpädagoge, ist Leiter der Abteilung Spezialisierte Soziale Dienste im Amt für Jugend und Familie der Stadt Regensburg.

Paul Friese Diplom-Psychologe, war Leiter des Bereichs Erziehungshilfe im Internationalen Familienzentrum in Frankfurt am Main.

Ulrich Gerth Diplom-Psychologe, ist Leiter des Beratungs- und Jugendhilfezentrums St. Nikolaus in Mainz.

Markus Göpfert Diplom-Sozialpädagoge, ist Leiter des Psychosozialen Zentrums für Flüchtlinge (PSZ) beim Caritasverband Rhein-Mosel-Ahr e.V. in Mayen.

Bernd Hormuth Diplom-Sozialpädagoge, ist Leiter des Bereichs stationäre Jugendhilfe im Internationalen Familienzentrum in Frankfurt am Main.

Karin Jacob Diplom-Psychologin, ist Leiterin der Erziehungs- und Familienberatung des Bezirks Charlottenburg-Wilmersdorf in Berlin.

Silvia Keil de Ballón Diplom-Psychologin, ist Mitarbeiterin der Beratungsstelle für Kinder, Jugendliche und Familien in Pieschen in Dresden.

Andreas Mattenschlager Diplom-Psychologe, ist Leiter der Psychologischen Familien- und Lebensberatung der Caritas Ulm.

Volker Neuhaus Diplom-Psychologe, ist Leiter der Erziehungs- und Familienberatungsstelle des Rhein-Sieg-Kreises in Siegburg.

Regine Reisinger Diplom-Heilpädagogin, ist Mitarbeiterin der Psychologischen Familien- und Lebensberatung der Caritas Ulm.

Anisa Saed-Yonan Diplom-Psychologin, ist Mitarbeiterin der Erziehungs- und Familienberatung im SOS Kinderdorf Berlin-Moabit.

Katrin Sensenschmidt Diplom-Sozialpädagogin, ist Mitarbeiterin der Erziehungs- und Familienberatungsstelle des Rhein-Sieg-Kreises in Siegburg.

Felicitas Urbanek Diplom-Psychologin, ist Mitarbeiterin im SOS Familienzentrum München.

Christine Utecht Diplom-Sozialpädagogin, ist Leiterin der Jugend- und Familienberatungsstelle des Landkreises Tübingen.

Anhang

Bundeskonferenz für Erziehungsberatung e.V.
Kindern, Jugendlichen und Eltern eine Perspektive geben
Aspekte der Beratung von Familien im Kontext Flucht und Asyl

Die Angebote von Erziehungsberatungsstellen stehen allen Kindern, Jugendlichen und Eltern offen – unabhängig von deren Herkunft und Aufenthaltsstatus. Vor allem Kinder und Jugendliche aus Familien in kritischen und krisenhaften Lebenssituationen, also auch Migranten- und Flüchtlingsfamilien sowie begleitete und unbegleitete minderjährige Asylbewerber sind in besonderer Weise zu berücksichtigen, da bei ihnen von einer erhöhten Vulnerabilität und von vermehrtem Beratungsbedarf ausgegangen werden kann. Das setzt voraus, die Angebotsstruktur der Beratungsstellen primär an den Bedarfslagen von Menschen mit Fluchterfahrung zu orientieren und erst sekundär an Spezifika des Trägerprofils oder an fachlichen Besonderheiten im Team der Beratungsstelle.

Die bke befasst sich intensiv mit dem Thema, wie im Rahmen der Erziehungsberatung die Unterstützung von Kindern, Jugendlichen und Eltern, die auf der Flucht in Deutschland ankommen, gestaltet werden kann und unter welchen Rahmenbedingungen die Arbeit gelingen kann. In der vorliegenden bke-Stellungnahme zur Beratung von Familien im Kontext Flucht und Asyl liegt der Schwerpunkt auf grundlegenden Aspekten des Themas. Zunächst wird eingegangen auf die Haltung von Trägern und Fachkräften, mit der den Herausforderungen, die durch die Arbeit mit Geflüchteten entstehen, begegnet wird. Da sehr viele Menschen auf der Flucht mit sehr belastenden Erfahrungen konfrontiert wurden und davon ausgegangen werden muss, dass für viele damit auch unterschiedlich starke und unterschiedlich behandlungsbedürftige Traumatisierungen entstanden sind, ist der zweite Teil der Stellungnahme den speziellen Aspekten der Psychotraumatologie, bezogen auf Kinder, Jugendliche und Eltern mit Fluchterfahrung, gewidmet. Auf die für Fachkräfte, die sich mit teilweise existenziell bedrohlichen Erfahrungen der Menschen auf der Flucht auseinandersetzen müssen, notwendige eigene Psychohygiene wird im dritten Teil der Stellungnahme eingegangen.

Der notwendige interkulturelle Ansatz, der in der Beratung von Familien mit Migrationshintergrund erfolgreich umgesetzt wird und für Familien mit Fluchthintergrund besonderer Ausprägung bedarf, kommt bereits bei der Kontaktherstellung zum Tragen. Der Kontakt von Ratsuchenden zu Beratungsstellen im Kontext Flucht und Asyl kommt in der Regel und am besten über vertraute Dritte zustande. Er vertieft sich, wenn die Beratungsfachkräfte bereit sind, die Welt der Flüchtlinge zu betreten und zu erkunden. Es ist methodisch erforderlich, auf Eltern zuzugehen und sie auf allen Ebenen abzuholen: örtlich durch Besuche; sprachlich durch muttersprachliche Berater/innen oder Sprachmittler/innen; inhaltlich, indem stets zunächst ihr Verständnis und ihre Ideale von Erziehung erfragt werden, um dann vor diesem Horizont vermittelnd auszuhandeln, was von ihnen und ihren Kindern in hiesigen Institutionen, z.B. in der Schule, erwartet wird.

Die Haltung von Trägern und Fachkräften

Die Haltung der Träger der Beratungsstellen und der Fachmitarbeiter/innen gegenüber geflüchteten Menschen, die nach Deutschland kommen, ist geprägt durch Struktur, Leitbild und Gesamtauftrag des Trägers sowie von der Sozialisation und Biografie der Berater/innen, den Leitungsformen und dem Zusammenwirken im Fachteam der Beratungsstelle. Darüber hinaus wird die Haltung fortwährend beeinflusst durch die aktuelle Politik, gesamtgesellschaftliche Vorkommnisse und Entwicklungen, durch die mediale Behandlung des Themas und die sich teilweise schnell und dramatisch verändernde Rechtslage im Kontext Flucht und Asyl.

Auch wenn die Arbeit mit Flüchtlingsfamilien andere Anforderungen an die Fachkräfte der Beratungsstellen stellt als die mit »normalen« Migrantenfamilien, die oft schon in zweiter oder dritter Generation in Deutschland leben, bieten interkulturelle Kompetenzen in den Beratungsstellen sehr gute Voraussetzungen, um Flüchtlingsfamilien mit Beratungsbedarf gerecht zu werden. Wenn Arbeit mit Sprachmittler/innen, muttersprachliche Angebote, Umgehen mit divergierenden Wertevorstellungen und ein kultursensibles Fallverstehen in der Beratungsstelle vertraute Themen sind, sind viele Voraussetzungen für eine wirksame Arbeit mit Flüchtlingen bereits erfüllt. Allerdings setzt die Beratungstätigkeit mit Flüchtlingsfamilien interkulturelle Kompetenzen voraus, die auf Trägerebene, im Team der Beratungsstelle und in der individuellen Haltung der Mitarbeiter/innen der Beratungsstelle verankert sein müssen.

Interkulturelle Kompetenz
Interkulturelle Kompetenz bezieht sich nicht nur auf ein besonderes Geschick der beraterischen und therapeutischen Fachkräfte im Kontakt mit Migrationsfamilien. Sie zeigt sich idealerweise bereits beim institutionellen Setting und bei der gesellschaftlichen Rahmung im Umgang mit Menschen nicht deutscher Herkunft und dem Thema Fremdheit. Interkulturelle Kompetenz ist als Prozess zu verstehen. Es sind fortlaufende Aktualisierungen, Ergänzungen, Korrekturen, Modifikationen des Konzepts als Teil von Qualitätsentwicklung erforderlich. Interkulturelle Kompetenz setzt sich aus mehreren Dimensionen zusammen, die zwar in allen anderen Beratungsprozessen auch zur grundlegenden Herangehensweise gehören, in der Beratung vom Familien aus anderen Kulturkreisen aber einer besonderen Akzentuierung bedürfen. Die in der folgenden Aufzählung genannten Schlüsselkriterien sind von Fall zu Fall unterschiedlich und im Rahmen des Kommunikationsprozesses mal leichter und mal schwerer zu realisieren.

- *Selbstbewusstheit und Authentizität*
  Die Fachkraft ist sich ihrer eigenen kulturellen Determiniertheit und der Relativität von deren Bedeutung bewusst, kann ihre Position prägnant und authentisch vertreten, wird dadurch glaubwürdig und vermittelt die Erfahrung von Selbstwirksamkeit.

- *Kommunikative Kompetenzen, Offenheit und Neugier*
  Die Fachkraft begegnet den fremden Anteilen im Gegenüber mit der Bereitschaft zu Austausch, Neugier im Sinne von Aufgeschlossenheit für neue Erfahrungen und mit einem offenen Kommunikationsverhalten ohne vorgefasste Bewertungen bzw. mit dem Selbstverständnis, sich eigene Vorurteile bewusst zu machen.

- *Beachtung der Besonderheiten des Beratungssettings*
  Ein erhöhter Zeitbedarf findet ebenso Berücksichtigung wie Fragen des räumlichen oder terminlichen Settings, besondere Bedürfnisse der Klientel sowie die Rolle von Sprachmittler/innen und anderen Beteiligten und ihr Einfluss auf die Kommunikation im Beratungsverlauf.

- *Wertschätzung, Respekt, Anerkennung der Gleichwertigkeit der Klienten im Beratungsprozess*
  Eine wertschätzende Haltung der Berater/innen im interkulturellen Setting beruht auf einer klaren und authentischen eigenen Werthaltung und einer unvoreingenommenen Wahrnehmung und Respektierung der

Werte und Lebensentwürfe der Ratsuchenden, auch wenn sie den Berater/innen fremd erscheinen. Das Bemühen darum ist Voraussetzung für eine gelingende Beratung trotz vorhandener Machtasymmetrie zwischen Beratungsfachkraft und Ratsuchenden.

- *Emotionale Kompetenzen*
  Die Fachkraft hat die innere Bereitschaft zur Auseinandersetzung mit Fremdheit und die Fähigkeit, im Beratungskontakt angemessen mit eigenen Gefühlen und denen des Gegenübers umzugehen.

- *Kognitive Kompetenzen*
  Kognitive Kompetenzen umfassen Selbstreflexion, flexible und rasche Analyse- und Synthesefähigkeit. Verallgemeinerungen und Stereotypen bezüglich »Fremden«, Flüchtlingen und Fluchtursachen werden kritisch hinterfragt.

- *Rollenübernahmefähigkeit*
  Die Berater/innen sind bereit, sich in die Rolle, die Werthaltungen, Sichtweisen und Erfahrungswelt der Rat suchenden Personen hineinzuversetzen und so deren Positionen nachzuvollziehen. Sie regen diesen Prozess auch umgekehrt bei den Ratsuchenden an, um positive Veränderungsprozesse anzustoßen. Das sinnvolle Maß an Nähe und Distanz in der Beratung wird jeweils neu bestimmt.

- *Ambiguitätstoleranz und Geduld*
  Widersprüche, divergierende Sichtweisen und Uneindeutigkeiten im Beratungskontakt werden ohne weitreichende Irritationen toleriert. Die Kompetenz, dabei deeskalierend bzw. eskalationsvermeidend und vermittelnd mit Widersprüchen umzugehen, ohne zeitlichen Druck zu erzeugen, bietet gute Voraussetzungen, den Zielen nach und nach näher zu kommen und nachhaltige Einstellungsänderungen zu bewirken.

Interkulturelle Kompetenz kann verstanden werden als eine Variante bzw. graduelle Steigerung sozialer Interaktionsfähigkeit. Bei Migrationsfamilien werden allgemeine therapeutische Fertigkeiten (Empathie, Echtheit etc.) oft in einem höheren Maße benötigt, um einen Zugang zu den Menschen zu finden und die Beratung gewinnbringend gestalten zu können. Der Erwerb interkultureller Kompetenz erfolgt am effizientesten im Wechselspiel von drei sich gegenseitig ergänzenden und verstärkenden Dimensionen:

- *emotional* durch Selbsterfahrung (im fachlichen und alltagspraktischen Sinn)
- *kognitiv* durch Aneignen von Hintergrundwissen (z. B. Literaturstudium) und
- übergreifend durch interkulturelle Aspekte berücksichtigende Supervision und/oder migrations- und kultursensible Fallbesprechung im Team.

Interkulturelle Kompetenz bedeutet insgesamt eine Verbesserung der fachlichen Qualifikation der Fachkräfte und kommt daher nicht nur den Migranten- und Flüchtlingsfamilien, sondern allen Ratsuchenden zugute, insbesondere solchen in komplexen, belastenden Lebenssituationen.

Prävention

Die Vielfalt erforderlicher präventiver Maßnahmen legt nahe, dass Erziehungsberatungsstellen sich als Teil eines Verbundes verstehen, in dem auch Kinderbetreuungseinrichtungen, Schulen, Familienbildungsstätten, Familienzentren und andere Einrichtungen mitarbeiten. In Abstimmung mit den Kooperationspartnern und dem jeweiligen Träger muss geklärt sein, in welchem Maße präventive Maßnahmen von der Erziehungsberatungsstelle vorgehalten werden.

Präventive Angebote der Erziehungsberatungsstellen setzen voraus, dass die Bedarfslage von Zielgruppen rechtzeitig erkannt wird, und zielen darauf ab, Ressourcen zu stärken und Problemverfestigungen und Chronifizierungen vorzubeugen. Das kann gelingen, wenn die Angebote spezifisch auf die jeweilige Zielgruppe ausgerichtet sind.

Berater/innen im Flüchtlingskontext sollten aufmerksam und sensibel für die – je nach Phase des Ankommens unterschiedlichen – Fragestellungen der Flüchtlingsfamilien sein und angemessene präventive Angebote vorhalten. Die Maßnahmen reichen von der Information über Schul- und Bildungssystem und Erziehungsvorstellungen über gesetzliche Rahmenbedingungen für Eltern und Familien in der Phase des Ankommens bis hin zu Kursen zur Stärkung elterlicher Kompetenzen und anderen psychoedukativen Maßnahmen. Bei der Auseinandersetzung mit unterschiedlichen Erziehungsvorstellungen und -praktiken können den Menschen mit anderen Werthaltungen die hierzulande gesellschaftlich anerkannten Prinzipien nicht einfach unreflektiert vorgehalten werden. Vielmehr muss ein Rahmen für die Auseinandersetzung mit Unterschieden und eine Plattform für einen Abgleich mit eigenen Prinzipien und Erfahrungen geschaffen werden, damit die Menschen mit anderen kulturellen Erfahrungen und Einstellungen daraus für sie tragfähige Erziehungseinstellungen und -praktiken entwickeln können, die letztlich freilich den nicht verhandelbaren Grundsätzen wie Gewaltfreiheit, Gleichberechtigung und Selbstbestimmung gerecht werden müssen.

Ehrenamtliche Helfer/innen in der Flüchtlingsarbeit zu unterstützen durch Vermittlung von Informationen, Hilfestellung in komplizierten interkulturellen Begegnungen oder auch Schutz vor Überforderungen in der Arbeit mit Flüchtlingen, stellt eine wertvolle präventive Maßnahme der Erziehungsberatungsstellen dar. Voraussetzung ist eine wertschätzende und die Leistungen der Ehrenamtler anerkennende Haltung der Professionellen.

Vor dem Hintergrund häufiger Erfahrung von sexuellen Übergriffen bereits im Heimatland und auch auf der Flucht ist von einem erhöhten Risiko für die Betroffenen auszugehen. Die Prävention von möglichen weiteren sexuellen Übergriffen gerade bei geflüchteten Menschen erfordert von den Berater/innen eine besondere Achtsamkeit gegenüber Anzeichen von belastenden und traumatisierenden Erfahrungen, vor allem bei Mädchen und Frauen. Es ist aber auch erforderlich, kultursensible Konzepte für einen wirksamen Schutz vor aktuellen und potenziellen Gefährdungen zu entwickeln. Insbesondere die Unterbringung von Frauen und Kindern in Deutschland wird mittlerweile unter diesem Aspekt kritisch betrachtet.

Diagnostik, Beratung und Therapie

Diagnostische Maßnahmen müssen kulturfair und dem Entwicklungsstand sowie der besonderen Situation der Flüchtlingskinder angemessen durchgeführt werden. Hinweise auf Traumata bei Kindern sind von den Fachkräften dabei sorgsam in das diagnostische Gesamtbild zu integrieren. Kultursensible Beratung und Therapie bezieht das soziale und erzieherische Umfeld ein – bei unbegleiteten Jugendlichen auch Vormünder oder Pflegefamilien.

Wenn es der Situationsbewältigung und der psychischen Entlastung der Ratsuchenden dienen kann, können auch außergewöhnliche Methoden in der Beratung erprobt werden, z. B. die Einbeziehung der Familienangehörigen im Heimatland per Skype. Das erfordert von den Fachkräften die Bereitschaft, die Grenzen der vertrauten Arbeitsweisen zu erkennen, zu überwinden und sich kreativ für neue, unvertraute Lösungsansätze und Vorgehensweisen zu öffnen.

Kooperation und Vernetzung

Die Flüchtlingsthematik bedeutet eine große gesellschaftliche Herausforderung, die nur bewältigt werden kann, wenn verschiedenste Institutionen mit unterschiedlichen Aufgabenschwerpunkten möglichst eng und effektiv zusammenarbeiten. In der interinstitutionellen Kooperation zur Versorgung von Flüchtlingsfamilien und -jugendlichen stellen die Erziehungsberatungsstellen gerade in der Erstversorgung ein eher kleines Element dar, das aber mit viel Professionalität und einer breiten Angebotspalette stabilisierend und unterstützend auf die Versorgungsstruktur wirken kann. Die Arbeit der Beratungsstellen gewinnt für die Familien an Bedeutung, wenn diese langfristig oder dauerhaft hier bleiben. Die stabile und kontinuierliche Präsenz von Erziehungsberatungsstellen kann auf Dauer wirken, wenn die zentralen Fragen der ersten Phase (Sicherung der Unterkunft, gesundheitliche Erstversorgung, Einschulung der Kinder, Deutsch- und Integrationskurse) mehr oder weniger geklärt sind, und die Institutionen, die in dieser Phase wichtig waren, im weiteren Verlauf oft gar nicht mehr für die Familien zur Verfügung stehen.

Methoden

Grundvoraussetzung interkulturell kompetenten Handelns ist die Bereitschaft, sich mit Fremdheit auseinanderzusetzen und das eigene fachliche Handeln auf seine Brauchbarkeit im interkulturellen Kontext und besonders auf seine Anwendbarkeit im Rahmen der Beratung von Flüchtlingen hin zu überprüfen. Es ist daher notwendig, das übliche methodische Handeln zu modifizieren, zu erweitern und insbesondere diskriminierend erscheinende, Belastungen verstärkende oder für diese Klientel nicht nachvollziehbare Interventionen zu identifizieren, diese zu verändern oder gegebenenfalls aus dem Handlungsrepertoire herauszunehmen. Es bedarf auch der Bereitschaft, neue und Entlastung versprechende Interventionen behutsam zu erproben und sich fachlich kreativ auf neue Herausforderungen einzustellen.

Als Einrichtungen der Jugendhilfe sehen Erziehungsberatungsstellen in aller Regel ihre Aufgabe nicht darin, über Menschen mit Fluchthintergrund Gutachten mit Diagnosen im Sinne der medizinisch-diagnostischen Regelwerke zu erstellen. Stellungnahmen dagegen, die die besondere Lage und Belastungen von Flüchtlingen beschreiben und Aussagen über die Inanspruchnahme von Erziehungsberatung treffen, können erstellt werden, wenn die Betroffenen das wünschen und wenn die Stellungnahmen dazu beitragen können, ihre Situation zu verbessern.

Einsatz von Sprachmittlern

Beratungsarbeit mit Flüchtlingskindern, -jugendlichen und -familien erfordert sehr oft den Einsatz von Sprachmittlern. Es liegt in der Verantwortung der Beratungsstellen, nur Personen hinzuzuziehen, die hinreichend für diese bedeutsame Tätigkeit qualifiziert sind. Insbesondere ist es zu vermeiden, Kinder in die Übersetzung einzubeziehen, weil das aus vielen Gründen dem sorgfältigen fachlichen Vorgehen widerspricht und vor allem gravierende Auswirkungen auf das Kind und die Familiendynamik hat. Auch andere Familienangehörige sowie Personen aus dem sozialen Nahraum der Ratsuchenden sollen nur bedingt für Übersetzungsaufgaben in der Beratung herangezogen werden. Die Beraterin/der Berater muss sich in diesem Fall über die Auswirkungen auf den Beratungsprozess bewusst sein und diese sorgfältig reflektieren. Auch der religiöse Hintergrund der Sprachmittler/innen muss ggf. beachtet werden, da eine Glaubensrichtung, die von der weltanschaulichen Ausrichtung der beratenen Familie abweicht oder sogar im Konflikt damit ist, Spannungen hervorrufen kann.

Die Beratungsgespräche müssen mit den Sprachmittler/innen vor- und nachbereitet werden können. Aufgabe der Berater/innen ist es, ein klares Setting mit den Übersetzer/innen herzustellen, das die jeweiligen Verantwortlichkeiten und die Form der Übersetzung klärt, der Vertraulichkeit der Beratung und dem Schutzbedürfnis der Ratsuchenden höchste Priorität einräumt und Widerstände der Betroffenen gegen bestimmte Sprachmittler/innen bzw. Übersetzungssettings respektiert.

Psychotraumatologie im Kontext Flucht

Die Psychtraumatologie spielt eine enorm wichtige Rolle im Kontext der Beratung von geflüchteten Kindern, Jugendlichen und Eltern. Sie befasst sich mit der Erforschung und Behandlung der Auswirkungen von traumatischen Erlebnissen auf das Erleben und Verhalten von Menschen. Dieses Gebiet richtet seine Aufmerksamkeit auf das menschliche Individuum, seine Reaktionen und Affekte, wenn es in seinen elementaren Lebensbedürfnissen bedroht und verletzt, in seiner menschlichen Würde und Freiheit missachtet wird. Die posttraumatische Symptomatik kann in drei Hauptsymptomkreisen unterschieden werden:

Symptomatik

1. *Übererregung (als Folge der erhöhten Ausschüttung von Stresshormone und der nachfolgenden Regelkreise)*
   Schwierigkeiten, ein- oder durchzuschlafen, Reizbarkeit oder Wutausbrüche, Konzentrationsschwierigkeiten, übermäßige Wachheit und übertriebene Schreckreaktionen.

2. *Intrusionen (als Folge der Fragmentierung von Sinneseindrücken)*
Wiederkehrende und eindringliche belastende Erinnerungen an das Ereignis, belastende Träume, Handeln oder Fühlen – als ob das traumatische Ereignis wiederkehrt (Flashbacks). Damit können kontextentkleidet und unerwartet Gefühle von Hilflosigkeit, Ausgeliefertsein, Depressionen, Suizidimpulse, Schmerz- oder andere Körpermissempfindungen auftreten.

3. *Vermeidungsverhalten (als Reaktion auf die Intrusionen)*
Bewusstes Vermeiden von Gedanken, Gefühlen oder Gesprächen oder Aktivitäten, die mit dem Trauma in Verbindung stehen. Unfähigkeit sich an Aspekte des Traumas erinnern zu können. Eingeschränkte Bandbreite des Affekts.

Voraussetzungen für die Arbeit mit Menschen, die traumatischen Erlebnissen ausgesetzt waren, sind
- dass sie sich in der Beratungs-/Therapie-Beziehung sicher fühlen
- dass die Wahrhaftigkeit der Erlebnisse angenommen wird und die Vermutung einer möglichen neurotischen Verarbeitung vermieden wird
- der Respekt vor Menschen, die schwere extreme Erfahrungen überlebt haben und
- der Blick auf die Ressourcen und die Resilienz des Menschen. Durch Fragen zu Ressourcen vor der Vertreibung oder vor dem Krieg wird der Klient ermutigt, auf seine eigenen Bewältigungsstrategien zurückzugreifen.

Methoden und Techniken der Traumapsychotherapie
In den letzten Jahren hat sich herauskristallisiert, dass eine rein tiefenpsychologisch oder analytisch gesprächsorientierte Psychotherapie zu Aufdeckung und Bearbeitung von Konflikten und schwierigen Symptombildungen, hinter denen oft schwere Traumata verborgen liegen, in der Arbeit mit Flüchtlingen weniger geeignet ist. Arbeit mit Bildern, Imaginationsbilderübungen, Geschichten und Märchen haben sich als unterstützendes Werkzeug in der Stabilisierungsphase dagegen bewährt.

Viele geflüchtete Familien, die bei uns Hilfe suchen, befinden sich in einer akuten psychischen Krise. Viele leiden unter den Folgen von traumatischen Erlebnissen in ihren Herkunftsländern und auf der Flucht. Entweder haben manche Familienmitglieder grausame Erfahrungen am eigenen Leib erlebt, oder sie waren Zeugen von Zerstörung und Gewalt. Der Heilungsprozess wird durch die schwierigen Lebensbedingungen, in denen sie während ihres Asylverfahren leben müssen, massiv beeinträchtigt.

Doch nicht alle geflüchteten Menschen sind traumatisiert und nicht alle, die traumatische Erlebnisse hatten, benötigen eine Traumatherapie. Viele Geflüchtete schaffen es aufgrund ihrer Selbstheilungskräfte, ihrer Resilienzen, ihrer familiären und sozialen Bezüge, ohne professionelle Hilfe, ihre Erlebnisse zu verarbeiten. Manche brauchen nur eine kleine Hilfe, das heißt Unterstützung bei der Stabilisierung.

Grundsätzlich sind belastende Lebenssituationen, Stresssituationen und Copingstrategien im Familienverband alltägliche Themen für Erziehungs- und Familienberater/innen. Sie müssen nicht als Traumatherapeutinnen und -therapeuten ausgebildet sein. Aber Berater/innen sollten in der Lage sein, traumatische Belastungen als Wirkfaktor wahrzunehmen und im Beratungsverlauf zu berücksichtigen.

Obwohl die Teams der Erziehungs- und Familienberatungsstellen viel notwendiges und hilfreiches Wissen, Fähigkeiten und Ressourcen haben und über die Kompetenzen von insoweit erfahrenen Fachkräften im Kinderschutz verfügen, scheuen viele Mitarbeiter/innen die Beratung von Flüchtlingsfamilien. Einer solchen Zurückhaltung kann durch eine spezifische Qualifizierung und Weiterbildung, die ein umfängliches Bewusstsein für die komplexe Situation von Flüchtlingsfamilien vermittelt, begegnet werden. Für den Bereich der Psychotraumatologie sind dabei folgende Inhalte von besonderer Bedeutung:

- Grundlagen der Psychotraumatologie.
- Was heißt Heilung in der Traumatherapie?
- Diagnostik im Kontext von interkultureller Beratung.

Beratung kann und soll Traumatherapie nicht ersetzen. Jedoch kann durch Psychoedukation und durch prozesshafte Stabilisierungsarbeit auch in der Erziehungs- und Familienberatung eine erste Hilfe von traumatisierten Klienten mit Fluchterfahrung erfolgen. Im Rahmen von Erziehungs- und Familienberatung können unter anderem folgende Unterstützungen geleistet werden:

- Familien in einem völlig neuen sozialen Umfeld auffangen, Symptome bei den einzelnen Familienmitgliedern abbauen um die teils extremen Belastungen der Kinder und ihrer Eltern zu verringern
- ambulante Hilfe zur Erziehung für die Eltern oder Teilfamilien
- Unterstützung bei der Anbahnung und Vermittlung traumatherapeutischer Hilfen für Kinder, Jugendliche und ihren Eltern
- traumabezogene Angebote für Multiplikatoren.

Psychohygiene in der Arbeit mit Flüchtlingen

Die Beratung von Flüchtlingen birgt neue Herausforderungen. Betrachtet man in diesem Zusammenhang die Psychohygiene von Berater/innen, so wird deutlich, dass die zu nutzenden Methoden nicht neu sind, sondern auch in »normalen« Beratungskontexten angewendet werden. Auch dort begegnen den Fachkräften schwierige Schicksale, traumatisierte Menschen und Leid.

Im Kontext Flucht besteht häufig die Annahme, dass eine massive und multiple Traumatisierung der Menschen vorliegt. In diesem Zusammenhang kann es zu Zweifeln kommen, mit diesem Thema angemessen umgehen zu können und ob die daraus entstehenden eigenen Belastungen zu bewältigen sind. Auch können Unsicherheiten in Bezug auf die eigene interkulturelle Kompetenz bestehen sowie in ganz praktischen Dingen, wie z.B. der Zusammenarbeit mit Sprachmittler/innen. Für viele Mitarbeiter/innen werden diese Themen neu sein. Zudem ist der Beratungsprozess an sich unsicher: Es ist mit vielen Unwägbarkeiten zu rechnen. Durch die äußeren Umstände der gegenwärtigen Lebenssituation und durch den Gewinn an Vertrauen tauchen im Verlauf der Beratung häufig neue Themen auf, die den (zeitlichen) Rahmen sprengen können. Hinzu kommt, dass es stets möglich ist, dass die Familie plötzlich an einen anderen Ort wechseln muss, und dass die begonnene Beratung aus diesen oder anderen äußeren Gründen abbricht. Was kann helfen, sich gut auf diese Arbeit einlassen zu können?

- *Teamkultur*
  Eine wichtige Grundlage ist eine Teamkultur, die den einzelnen Mitarbeiter/innen Unterstützung, Wertschätzung und Verständnis entgegen bringt. Auf der Basis eines solchen Miteinanders im Team können die Fachkräfte auch persönliche Zweifel und Unsicherheiten äußern. Im Team gibt es Raum für Fallbesprechungen und Reflexion. Eine spezifisch interkulturelle Supervision kann genutzt werden, einerseits um sich zu entlasten, andererseits um neue Kompetenzen zu erwerben und zu festigen.

- *Grenzen der Beratung*
  Zu Beginn des Beratungsprozesses ist es wichtig, die eigene Rolle ebenso wie die Grenzen der Beratung zu benennen und zu erklären. Berater/innen sind keine Retter, schon gar nicht im Zusammenhang mit Entscheidungen von Ämtern und Behörden. Auf der seelischen Ebene können sie Hilfe anbieten, doch auch hier bleiben sie Wegbegleiter/innen.

Die Flüchtlinge kennen in der Regel das Angebot oder Erziehungs- und Familienberatung nicht aus ihrem Herkunftsland. Die Transparenz des Beraters/der Beraterin hilft, unrealistische Erwartungen des Klienten zu verhindern und eigene überhöhte Ansprüche an sich selbst zu stellen.

- *Netzwerk*
  Die Arbeit mit Flüchtlingen ist eingebettet in ein Netzwerk vieler professioneller und ehrenamtlicher Helfer/innen. Treffen von Mitarbeitern aus verschiedenen Kontexten innerhalb dieses Netzwerks können zur Entlastung beitragen. Rollen können geklärt werden, eine Aufgabenverteilung wird erkennbar. So kann ein sinnvolles Ganzes innerhalb des Netzwerks der Hilfen für Flüchtlinge entstehen, in dem der/die einzelne Berater/in seine/ihre Rolle findet, darüber hinaus gehende Aufgaben jedoch auch delegieren kann.

Hilfreich ist in jedem Fall, wenn Berater/innen sich auf das »Fremde«, das »Neue« in der Beratungsarbeit mit Flüchtlingen einlassen *wollen*. Die Bereitschaft, die Neugier und Interesse an diesen Menschen und ihren Problemlagen öffnen nicht nur den Klienten die Tür, sondern auch den Berater/innen selbst. Daher empfiehlt es sich, wenn diejenigen Berater/innen, die diese Offenheit in sich spüren, die Arbeit beginnen. So kann sich ein Team schrittweise den neuen Aufgaben nähern.

Wie können Berater/innen mit konkreten schwierigen Themen in der Beratung umgehen? In jeder Beratung kann es zum Auftauchen traumatischen Materials kommen, auch in der Beratung mit Klienten ohne Fluchterfahrung. Fachwissen über Psychotraumatologie ist hilfreich, um wahrnehmen zu können, wann der Klient auf einen Ausbruch eines derartigen inneren Erlebens zusteuert. Dafür Sorge zu tragen, dass der/die Klient/in nicht zu tief in sein/ihr traumatisches Erleben einsteigt, schützt sowohl Klient/in als auch Berater/in. Um traumatische Erlebnisse verarbeiten zu können, braucht es einen sicheren Rahmen. Der wird in der Arbeit mit Flüchtlingen in der Beratungsstelle in der Regel eher nicht bestehen. Insofern sollten traumatische Erlebnisse hier eher nicht offensiv thematisiert werden. Der Schwerpunkt sollte auf der Stabilisierung der Klienten liegen. Dieser Fokus setzt auf einen ressourcenorientierten Rahmen, indem eher die Zukunft und/oder die Verankerung im Hier und Jetzt thematisiert werden, als die Schrecken der Vergangenheit.

Wenn der/die Klient/in seine/ihre Geschichte erzählen möchte, dann wird es hilfreich sein, mit ihm/ihre eine Zukunftsperspektive zu entwickeln. In diesem Zusammenhang kann für Berater/in und Klient/in auch Humor hilfreich sein, der auch in schwierigen Kontexten seinen Platz finden kann. Und wenn es gelingt, die schwierige Lebenssituationen in einem größeren Zusammenhang zu sehen, dann kann auch das sehr entlastend für die Seele sein.

Fazit

In Erziehungsberatungsstellen ist bereits viel fachlicher Erfahrungshintergrund für die Beratung von Flüchtlingsfamilien vorhanden. Dennoch ist weitere spezielle Qualifizierung notwendig, um zusätzliche Kompetenz im Umgang mit der Komplexität der Fragestellungen und mehr Sicherheit im Umgang mit den Unwägbarkeiten zu gewinnen. Erziehungsberatung kann mit ihrem vielfältigen Angebot einen Beitrag dazu leisten, dass die Familien, die auf der Flucht in Deutschland ankommen, sich auf Dauer nicht nur über ihren Flüchtlingsstatus, sondern vor allem auch über ihre Rolle als Familienmitglieder oder Bewohner eines Stadtteils definieren können – dass Kinder, Jugendliche und Eltern eine gute Perspektive haben.

Literatur

Fischer, Gottfried; Riedesser, Peter (2009): Lehrbuch der Psychotraumatologie. München: Reinhardt.

Friese, Paul; Kluge, Irene (Hrsg.) (2000): Fremdheit in Beratung und Therapie – Erziehungsberatung und Migration. Fürth. Bundeskonferenz für Erziehungsberatung (bke).

Hoffmann, Nicolas; Hoffmann, Birgit (2012): Selbstfürsorge für Therapeuten und Berater. Weinheim: Beltz.

Kottler, Jeffrey A. (2011): Therapie-Tools Selbstfürsorge. Weinheim: Beltz.

Redemann, Luise (2007): Imagination als heilsame Kraft. Stuttgart: Klett-Cotta.

Bundeskonferenz für
Erziehungsberatung e.V.

Deutsche Arbeitsgemeinschaft
für Jugend- und Eheberatung e.V.

Evangelische Konferenz
für Familien- und Lebensberatung e.V.

Katholische Bundesarbeitsgemeinschaft
für Ehe-, Familien- und Lebensberatung,
Telefonseelsorge und Offene Tür e.V.

Empfehlungen für Qualitätsstandards für die Zusammenarbeit mit Dolmetschenden in der psychologischen/psychosozialen Beratung

Ein Wesensmerkmal der psychosozialen und psychologischen Beratung ist, dass sie auf das fachlich strukturierte und heilsame Gespräch – also auf das Medium Sprache aufbaut. Ergänzend kommen nonverbale Methoden hinzu, die aber wiederum in der Regel der sprachlichen Rahmung bedürfen.

Den unterzeichnenden Verbänden ist es ein Anliegen, gemäß dem Gedanken einer umfassenden Inklusion die Institutionelle Beratung allen gesellschaftlichen Gruppierungen gleichermaßen zugänglich und barrierefrei nutzbar zu machen. Dazu gehören insbesondere Menschen, die die deutsche Sprache nicht, noch nicht oder nicht ausreichend differenziert sprechen, um einem komplexen Gespräch in dieser Sprache zu folgen.

Da in Deutschland derzeit nicht auf eine hinreichende Anzahl unterschiedlicher muttersprachlicher Fachkräfte zurückgegriffen werden kann, erfordert eine notwendige und adäquate psychosoziale Versorgung – sei es im Rahmen von Clearinggesprächen, Erst- oder Kriseninterventionen, sei es im Rahmen einer längerfristigen Bearbeitung posttraumatischer Belastungsreaktionen – gegenwärtig stets den Einbezug qualifizierter Dolmetschender. Ihre Rolle als »Sprachbrückenbauer/in« muss für alle klar definiert und transparent gestaltet sein.

Die folgenden generellen Empfehlungen zu Auswahl und Einsatz von Dolmetschenden sowie zu Vor- und Nachbereitung ihres jeweiligen Einsatzes im konkreten Einzelfall orientieren sich an den Erfahrungen und Grundsätzen, die in den vergangenen 10 Jahren in den Therapiezentren für Folteropfer und Flüchtlingsberatung (TZFO) des Caritasverbandes für die Stadt Köln[7] oder anderen »Best-Practice-Modellen«, wie beispielsweise dem Rastatter Modell[8] gewonnen wurden.

Voraussetzungen für die Beschäftigung von Dolmetschenden

Professionelle Voraussetzungen der Dolmetschenden

Das Selbstverständnis von Dolmetschenden ist das eines Dienstleisters/einer Dienstleisterin: Die Dienstleistung besteht in der Übersetzung des gesprochenen Wortes in Beratungsgesprächen. Sie werden tätig nach Beauftragung durch die Beratungsstelle.

Bei aller Vermittlungsarbeit behalten Dolmetschende eine neutrale Position. Sie sind weder Anwält/innen der Ratsuchenden noch Vertreter/innen der anfordernden Einrichtung (Beratungsstelle).

Neben einer guten Kenntnis der deutschen Sprache ist eine gute Kenntnis der jeweiligen Muttersprache Voraussetzung. Dolmetschende verpflichten sich, nach bestem Wissen und Gewissen zu übersetzen.

Dolmetschende kennen die Grundzüge qualifizierter Übersetzungsarbeit. Sie sind in der Lage, sich die notwendigen Rahmenbedingungen zu schaffen. Dazu zählen:

---

7 vgl. Caritas für Köln: »Sprachliche Hürden überwinden« Themenheft 2008/2009; daraus insbesondere Kapitel V »Checkliste für den Einsatz von DolmetscherInnen« und Kapitel VI »Weiterführende Literaturhinweise« sowie »Anhang: Die Kunst, eine gemeinsame Sprache zu finden – Hinweise für Dolmetschende im beraterisch-therapeutischen Kontext«.

8 vgl. Diakonisches Werk Baden Baden/Rastatt: Konzeption »Dolmetscher-Netzwerk für Baden Baden und den Landkreis Rastatt« und Leitfaden »Professionelle Zusammenarbeit mit ehrenamtlichen Dolmetschenden des Pools des Dolmetschernetzwerks für Eltern im Landkreis Rastatt«.

- Kenntnis der unterschiedlichen Arten des Übersetzens (wörtlich/sinngemäß)
- Absprache mit dem/der Auftraggeber/in über die gewünschte Art der Übersetzung
- Unterbrechung des jeweils Sprechenden, wenn das Gesprochene die Merkfähigkeit übersteigt
- Vereinbarung von Pausen bei zu großer emotionaler Betroffenheit.

Dolmetschende wissen um nonverbale Kommunikation und übermitteln deren Regelwerk im Falle von kommunikativen Störungen, die durch kulturelle Unterschiede entstehen.

Persönliche Voraussetzungen der Dolmetschenden

Ehrenamtlich Dolmetschende sollten einen sicheren Aufenthaltstitel haben, um selbst nicht in eine mögliche psychische Bedrängnis zu geraten.

Sie müssen darüber aufgeklärt sein, in Beratungsgesprächen auch mit leidvollen oder traumatischen Erfahrungen konfrontiert werden zu können. Diese Belastbarkeit ist besonders dann von Bedeutung, wenn die Dolmetschenden eigene Fluchterfahrung haben, damit eine mögliche (Re)Traumatisierung bei ihnen vermieden wird.

Deshalb benötigen Dolmetschende als Voraussetzung vor allem persönliche Reife und emotionale Belastbarkeit.

Hilfreich ist die Fähigkeit zur Reflexion.

In Fällen von Befangenheit (Verwandtschaft, Freundschaft, Leben in derselben Unterkunft etc.) sind sie bereit, diese Tatsachen offenzulegen und sich zurückzunehmen.

Aus der Übersetzungstätigkeit im Beratungskontext nehmen Dolmetschende keinen persönlichen Vorteil (z.B. Schwangerenberatung, Beteiligung an den finanziellen Hilfen für Mutter und Kind).

Dolmetschende sind in ihrer Haltung von Akzeptanz und Unvoreingenommenheit geprägt. Eine unbelastete Beziehung zwischen Ratsuchenden und Dolmetschenden trägt zu einer guten Gesprächsatmosphäre bei und fördert eine gelingende Beratung.

Strukturelle Voraussetzungen (Rahmenbedingungen)

Für die Tätigkeit von Dolmetschenden in Beratungsstellen schafft die Beratungsstelle geeignete Rahmenbedingungen.

Bei der Auswahl eines/einer Dolmetschenden ist genau abzuklären, welche ethnische Sprache des Herkunftslandes bzw. welchen Dialekt er/sie spricht.

Die Beratungsstelle führt die Dolmetschenden in das Setting einer psychologischen Beratung ein. Ihnen werden Grundzüge der Gesprächsführung im Kontext einer psychologischen Beratung erläutert und sie werden über das mögliche Auftreten eigener emotionaler Betroffenheit aufgeklärt. Dafür werden sie mit notwendigen Informationen ausgestattet und mit dem Gesprächsziel vertraut gemacht (siehe Vorgespräch).

Weiterhin schließt die Beratungsstelle und der/die Dolmetschende einen Vertrag bzw. eine Vereinbarung mit folgendem Inhalt:
- Art der Leistung (= Übersetzung des gesprochenen Wortes in der Beratung)
- (zeitlicher) Umfang der Leistung (z.B. zusätzlich erforderliche Vor- und Nachgespräche zwischen Beratungskraft und Dolmetschenden im Kontext der Beratung)
- Art und Höhe der Honorierung der Leistung
- Einhaltung von Regeln wie z.B. Verschwiegenheit und Verzicht hinsichtlich möglicher Gesprächskontakte mit den Ratsuchenden außerhalb der Übersetzungsleistung
- Angebote von Supervision oder Entlastung für Dolmetschende.

Bei der Gestaltung der Verträge mit Dolmetschenden berücksichtigt die Beratungsstelle die arbeitsrechtlichen Vorgaben ihres jeweiligen Trägers insbesondere in Hinblick auf die Fragen zur Scheinselbstständigkeit.

Die Beratungsstelle berücksichtigt beim Einsatz von Dolmetschenden die datenschutzrechtlichen Bestimmungen ihres Trägers.

Gestaltung des Settings der Beratung – Prozesssteuerung

Die Verantwortung für den Prozess liegt bei der Beratungsfachkraft.

Das Setting gliedert sich in Vorgespräch, Hauptphase und Nachgespräch.

Für Beratungsgespräche mit Dolmetschenden ist die mehrfache Zeit einer üblichen Beratung einzuplanen, da das Vor- und Nachgespräch sowie der Übersetzungsprozess in der Hauptphase zusätzlich Zeit erfordert.

Die Beratungsfachkraft stellt im Vorfeld Überlegungen zur Sitzordnung an (i.d.R. kein Dreieck; es sitzen entweder Ratsuchende/r und Dolmetschende/r nebeneinander oder Beratungsfachkraft und Dolmetschende/r).

Es wird im Vorfeld festgelegt: Die Übersetzung erfolgt konsekutiv (unmittelbar) und so wortgenau wie möglich. Nach ein bis drei Sätzen übersetzt die/der Dolmetschende.

Es muss damit gerechnet werden, dass es bestimmte Begriffe in der jeweils anderen Sprache nicht gibt. Der/die Dolmetschende wird darum gebeten, in diesem Fall nach einer geeigneten Paraphrasierung zu suchen und die Beratungskraft darüber zu informieren.

Es sollte nach Möglichkeit ein Pool von Dolmetschenden vorhanden sein bzw. aufgebaut werden, aus dem die passende Kraft gewählt werden kann.

Bei längeren Beratungsprozessen soll auf Kontinuität bzgl. der/des Dolmetschenden geachtet werden.

Vorgespräch mit der/dem Dolmetschenden

Die Beratungsfachkraft überprüft die Auswahl und Passung des/der Dolmetschenden bezüglich Alter, Geschlecht, Dialekt, Ethnie, Religion, etc.

Der/die Dolmetschende erhält ein kurzes Briefing zur professionellen Distanz:

- Außerhalb des Beratungssettings findet kein Kontakt zwischen Dolmetschenden und Ratsuchenden statt.
- Adressen oder Telefonnummern werden nicht ausgetauscht.
- Der/die Dolmetschende und der/die Ratsuchende sollten sich wenn möglich nicht kennen, in keiner verwandtschaftlichen Beziehung zu ihm/ihr stehen oder in derselben Unterkunft wohnen.

Die Beratungsfachkraft erläutert die Schweigepflicht; die Schweigepflichtserklärung wird unterzeichnet.

Der Vertrag über die Dolmetschendentätigkeit wird unterzeichnet.

Die Beratungsfachkraft erläutert kurz Thema, Zielstellung und ggf. Vorgeschichte des Gesprächs.

Es wird ein »STOP-Zeichen« vereinbart für den Fall, dass der/die Dolmetschende das Beratungsgespräch unterbrechen möchte (z.B. wegen eigener Betroffenheit usw.).

Die Beratungsfachkraft und der/die Dolmetschende besprechen die Sitzordnung.

Die Rollen und Methoden werden kurz erklärt.

Es wird auf das mögliche Auftreten eigener emotionaler Betroffenheit im Beratungsprozess und auf den Umgang damit hingewiesen.

Die Beratungsfachkraft erläutert den Dolmetschenden den Umgang mit eventuell anwesenden Kindern der Ratsuchenden.

Der/die Dolmetschende agiert kultursensibel und stellt bei Bedarf kurz relevante kulturelle Hintergrundinformationen dar, da ein Mindestmaß an kulturspezifischem Wissen für eine wirksame beraterisch-therapeutische Arbeit unabdingbar ist. Dies betrifft

- den Kontakt- und Beziehungsaufbau zwischen Beratungsfachkraft und Ratsuchendem/Ratsuchender (z.B. spezifische Begrüßungsrituale, respektvolle Vermeidung von Blickkontakt etc.)
- als auch den diagnostischen Prozess (z.B. kulturell beeinflusste Formen der Darstellung von Symptomatik).

Hauptphase

Begrüßung und Einführung

Die Beratungsfachkraft begrüßt die Anwesenden und stellt die Gesprächspartner/innen und ihre Rollen kurz vor. Die Begrüßung wird sogleich übersetzt.

Die Beratungsfachkraft weist den Teilnehmenden die Plätze zu.

Sie erläutert die Schweigepflicht der Beteiligten (möglichst mit Informationsblatt in der jeweiligen Muttersprache).

Die Beratungsfachkraft erklärt die Art des Dolmetschens und die Regeln. Eine Einwilligungserklärung zur Hinzuziehung eines/einer Dolmetschenden liegt vor bzw. wird eingeholt und dokumentiert.

Die Beratungsfachkraft weist darauf hin, dass außerhalb des Beratungssettings kein Kontakt des/der Ratsuchenden zu dem/der Dolmetschenden erfolgt.

Die Beratungsfachkraft erläutert, dass der/die Dolmetschende mittels eines »STOP-Zeichens« die Sitzung unterbrechen kann.

Das Beratungsgespräch

Die Beratungsfachkraft spricht nicht über, sondern nur direkt mit dem/der Ratsuchenden.

Die Beratungsfachkraft bleibt auch während der Übersetzungsphasen den Ratsuchenden zugewandt.

Der/die Dolmetschende führt keinen eigenen Dialog mit der/dem Ratsuchenden.

Die Beteiligten wählen einfache, kurze Sätze. Dialekt, Fachausdrücke und Ironie werden vermieden.

Die Beratungsfachkraft macht regelmäßig eine kurze Zusammenfassung, die übersetzt wird.

Bei Bedarf wird zum Abschluss des Beratungsgesprächs gemeinsam mit der/dem Ratsuchenden und dem/der Dolmetschenden ein Folgetermin vereinbart.

Beratungsfachkraft und Dolmetschende/r verabschieden gemeinsam die/den Ratsuchende/n. Diese/r verlässt in der Regel alleine den Beratungsraum.

Nachgespräch mit der/dem Dolmetschenden

Bei Bedarf findet ein Nachgespräch statt:

- Die/der Dolmetschende gibt der Beratungsfachkraft kulturspezifische Hinweise.
- Fragen der/des Dolmetschenden werden beantwortet.
- Der Beratungsprozess wird gemeinsam reflektiert.
- Eine erfolgte emotionale Betroffenheit bei der/dem Dolmetschenden wird besprochen.
- Der Aspekt des Kindesschutzes bzgl. anwesender Kinder wird besprochen.
- Die/der Dolmetschende erfährt eine affektive Entlastung/Psychohygiene.
- Die Beratungskraft gibt ein kurzes Feedback zur Regelorientierung.
- Formalien werden geklärt.

Besonderheiten und Herausforderungen in der Zusammenarbeit mit Dolmetschenden in der Institutionellen Beratung

Feldspezifische Anforderungen

Institutionelle Beratung spricht verschiedene Zielgruppen an und nimmt ganz unterschiedliche Lebenslagen in den Fokus. Die Dienste von Dolmetschenden stellen für alle Beratungssettings zunächst eine ähnliche Herausforderung dar. Unabhängig von den Schwerpunkten der einzelnen Beratungsfelder sind die oben genannten Bedingungen und Dynamiken überall – wenn auch in unterschiedlichem Ausmaß – wirksam.

Bei allen Settings kann die Beratung unterschieden werden in Beratungsformen mit hohem informatorischem Anteil und in Beratungsprozesse mit Schwerpunkt auf der Reflexion des eigenen Erlebens, Fühlens und Handelns. Dabei ist je nach Beratungsschwerpunkt eine unterschiedliche Gewichtung dieser beiden Bereiche vorhanden.

Wenn konkrete Abläufe oder rechtliche Hintergründe vermittelt werden, ist die direkte wortgetreue Übersetzung oder ggf. Paraphrasierung wichtiger Begriffe, Fakten, Titel und Institutionen von großer Bedeutung.

Bei Beratungsthemen, die kulturelle und zwischenmenschliche Aspekte ansprechen, ist eine direkte Übersetzung oft gar nicht möglich, da es in der anderen Sprache und Kultur teilweise andere Wörter, Begriffe, Interpretationen und Umschreibungen gibt. In manchen Fällen gibt es gar keine Entsprechung zu einem deutschen Wort oder Sachverhalt. Dolmetschende sind hier besonders gefordert, die Situation zu erfassen und so passgenau wie möglich zu mitteln. Dabei ist es wichtig, dass sie die professionelle Distanz wahren und die Beratungsfachkraft als Verantwortliche für das Gespräch und den Gesprächsverlauf sehen.

Für Dolmetschende ist es in der *Ehe- und Paarberatung* eventuell eine Herausforderung, die unterschiedlichen Sichtweisen und Standpunkte der Partner so neutral und unparteiisch wie möglich wiederzugeben und sich auch bei aufkommender Dynamik im Falle von Streit besonnen, professionell distanziert und neutral zu verhalten.

Eine besondere Situation ist in diesem Zusammenhang die mögliche Anwesenheit von Kindern im Rahmen *der Erziehungs- und /oder Ehe-/Familienberatung* oder auch allen anderen Beratungssettings. Hier ist vor allem das Thema Kindesschutz im weiten Sinn sehr sensibel und mit hohem Verantwortungsbewusstsein zu handhaben. Darüber hinaus verstehen Kinder und Jugendliche oftmals viel, möglicherweise mehr als ihre Eltern, – sprachlich und inhaltlich – und dolmetschen eventuell bereits für sie in anderen Bereichen. Beratungskräfte unterstützen Dolmetschende dabei, dies bei ihrer Übersetzungstätigkeit im Blick zu behalten. In der Nachbereitung sollte darüber eventuell noch einmal gesondert ein Austausch stattfinden.

In der *Schwangerschaftskonfliktberatung* müssen Entscheidungen getroffen werden, die unter zeitlichem Druck stehen und eine enorme emotionale Betroffenheit bedeuten können. Dolmetschende müssen auch hier in der Lage sein, sich auf die Übersetzung zu konzentrieren und gleichzeitig über ein ausreichendes Maß an Sensibilität und Belastbarkeit bei Wahrung der Neutralität verfügen. Unter Umständen sind Dolmetschende im Zusammenhang mit Entscheidungen für oder gegen einen Schwangerschaftsabbruch auch ganz besonders mit ihrem eigenen Wertesystem und moralischen Zielkonflikten konfrontiert.

Fortbildungsbedarfe

Obwohl davon ausgegangen werden kann, dass bereits Erfahrung in der Beratung von Menschen aus unterschiedlichen Herkunftsländern und eine reflektierte Haltung zur interkulturellen Arbeit bei den Beratungsfachkräften vorhanden ist, erfordert die Gestaltung eines Beratungssettings mit Dolmetschenden von Beratungsfachkräften neue und damit auch gegebenenfalls neu zu erwerbende Kompetenzen.

Sie müssen damit umgehen, dass die Situation des vertraulichen Beratungsgesprächs durch die Anwesenheit eines Dritten verändert wird.

Neben interkulturellem und länderspezifischen Faktenwissen vor allem zu den Beratungsthemen (z.B.: Ist Schwangerschaftsabbruch im jeweiligen Herkunftsland legal? Wie ist im Allgemeinen die gesellschaftliche Haltung dazu? Wie werden Kinder erzogen?) benötigen Beratungsfachkräfte konzeptuelles Wissen über die Gestaltung des Beratungssettings, das neben der Beziehungsgestaltung und der klaren Rollenverteilung auch die Vor- und Nachbereitung der Beratung umfasst. So sind vorbereitend mit der/dem Dolmetschenden die Gesprächsregeln zu erörtern, während in einem nachbereitenden Gespräch ggf. Psychohygiene für die/den Dolmetschenden geleistet werden kann.

Auf der sprachlichen Ebene werden die Beratungsfachkräfte sich darauf einstellen müssen, Komplexität zu reduzieren und abstrakte Begriffe entweder zu vermeiden oder selbst zu erläutern. Dies erfordert einen anderen zeitlichen Umfang und somit die Bereitschaft, sich auf Entschleunigung einzulassen und sich darauf einzustellen, dass unter Umständen nicht alles in einem einzigen Beratungsgespräch untergebracht werden kann.

Supervision ist ein passendes Format, um die Kommunikations- und Beziehungsebenen sowie ihre Dynamiken in verdolmetschenden Gesprächssituationen zu reflektieren. In Verbindung mit den kognitiven und metakognitiven Wissensbeständen benötigen Beratungsfachkräfte unter Umständen zudem eine Fortbildung zur Erweiterung ihrer professionellen Haltung, die es ermöglicht, empathisch auf abweichende Wertvorstellungen zu reagieren und individuell auf diese einzugehen. Dazu sind in die Fortbildung Reflexionsanlässe zu integrieren, die darauf abzielen, sich des persönlichen Erfahrungshintergrunds und der eigenen kulturellen Vorannahmen bewusst zu werden. Die Konfrontation und Auseinandersetzung mit der eigenen Haltung zum Fremden nimmt dabei eine bedeutende Rolle ein.

Der Bedarf an Fortbildung leitet sich zum einen aus dem Leitbild des Trägers (systemische Ebene) und zum anderen aus den individuellen Bedarfen der Beratungsfachkraft (fachlich-individuelle Ebene) ab.

Quellen und Literaturhinweise

Brisch, Karl Heinz (Hrsg.) (2016): Bindung und Migration, Stuttgart.

Bundesweite Arbeitsgemeinschaft der Psychosozialen Zentren für Flüchtlinge und Folteropfer in Deutschland e.V. (BAfF), http://www.baff-zentren.org

Caritas für Köln, Therapiezentrum für Folteropfer – Flüchtlingsberatung (2009): Themenheft 2008 / 2009 »Sprachliche Hürden überwinden«, Köln.

Diakonisches Werk Baden-Baden/Raststatt (2012): Leitfaden – Professionelle Zusammenarbeit mit den ehrenamtlich Dolmetschenden des Pools des Dolmetschernetzwerks für Eltern im Landkreis Raststatt.

Diakonisches Werk des Ev. Kirchenkreises Altenkirchen: Hinweise zum Dolmetschen – der »IDEALFALL«

Hegemann, Thomas; Salman, Ramazan (Hrsg.) (2010): Handbuch Transkulturelle Psychiatrie, Köln.

Salman, Ramazan: Vermittler zwischen Sprachen und Kulturen. In: Hegemann, Thomas; Salman, Ramazan (Hrsg.): Handbuch Transkulturelle Psychiatrie, Köln, S. 199–215.

Hegemann, Thomas; Budimlic, Melisa (2016): Brücken bauen zwischen Sprachen und Kulturen. In: Brisch, Karl Heinz (Hrsg.): Bindung und Migration, Stuttgart, S. 13–31.